말의 알고리즘

부와 행복을 끌어당기는

말의 알고리즘

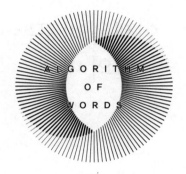

ALGORITHM
OF
WORDS

고은미, 김정호 지음

한밤의책

인생을 바꾸는 말의 마법

그는 중학교 입학시험에서 두 번이나 떨어졌다. 대학 입학시험에서도 두 번의 고배를 마셨다. 첫 번째 대학 입시에서는 수학에서 120점 만점 중 1점을 받았고, 두 번째 대학입시에서는 수학에서 19점을 받아 탈락했다. 그래도 다시 노력한 끝에 가까스로 대학에 들어갔고 졸업을 했다.

하지만 시련은 계속됐다. 사회생활을 위해 치른 회사의 입사 시험은 더 어려운 난관이었다. 무려 30번이나 입사 시험에서 떨어졌다. KFC의 매장 점원을 뽑는 면접에서는 지원자 24명 중 유일한 탈락자이기도 했다. 직장생활보다는 사업을 하는 게 낫겠다 싶어 사업에 도전했지만, 사업에서도 무려 8번이나 실패했다.

여기서 얘기한 그는 중국에서 가장 큰 기업 중 하나인 알리바바의 창업자 마윈이다. 마윈은 미국 경제 전문지 〈포천〉이 선정한 '가장 위대한 리더' 가운데 한 사람으로 이름을 올리기도 했다. 부족한 학력, 보잘것없는 집안, 못생긴 외모, 어눌한 말투로 인해 수많은 실패를 거듭하던 그가 성공할 수 있었던 핵심 비결은 무엇이었을까?

그것은 바로 '긍정적인 생각과 말'이다. 마윈은 아무리 어려운 시련이나 고난이 닥쳐도 자신의 미래에 대해 결코 부정적으로 말하지 않았다. 항상 스스로에게 성공할 수 있고 잘될 거라고 말했다.

심지어 그는 부정적인 표현이 적당하다 싶을 때에도 결코 부정적인 단어를 쓰지 않았다. 예를 들어, 스스로 불행하다 싶은 생각이 들 때도, "나는 불행하다"고 말하지 않았다. 왜냐하면 그 말에는 '불행'이라는 부정적인 단어가 들어가 있기 때문이었다. 대신 그는 '편안'이라는 긍정적인 단어를 사용하여 "나는 편안하지 않아"라고 말하곤 했다.

마윈은 말한다. 인생은 오로지 자신이 생각하고 말하는 대로 결정된다고. "못 한다"는 말은 결국 "하지 않겠다", "하기 싫다"는 말일 뿐이라고. 마윈은 인생을 바꾸려면 생각과 말부터 바꿔야 하고, 행복한 인생을 살기 위해서는 긍정적인 생각과 말을 해야 한다고 여겼다.

마윈이 세계적 기업가로서 성공할 수 있었던 비결은 결국 그것이었다. 우리는 어떻게 해야 마윈처럼 마음에서 부정적인 생각과 말을 몰아내고 긍정적인 생각과 말로 스스로를 무장시킬 수 있을까?

마음은 무한할 정도로 커서 많은 것을 저장할 수 있지만,

마음의 무대인 '의식의 공간'은 매우 작아 우리는 한 번에 많은 생각을 할 수가 없다. 그래서 만약 부정적인 생각이 마음의 무대를 점령하면 긍정적인 생각은 무대 밖으로 밀려나고 만다. 게다가 우리의 뇌는 부정적인 것에 더 끌리는 경향이 있기까지 하고, 기분에 일치하는 기억을 떠올리고 생각하는 경향이 있어서 불안한 기분이 들면 더욱 불안해지고, 두려운 기분이 들면 더욱 두려워진다.

이렇게 부정적인 감정과 생각으로 마음의 무대가 점령당하면 마음에게 "불안해하지 마"라고 명령한다고 해서 불안이 사라지지 않는다. 오히려 특정한 생각을 떠올리지 않으려고 노력하면 할수록 그 특정한 생각이 더 떠오르기도 한다. 예를 들어, 누군가가 '지금부터 북극곰을 생각하지 마십시오'라고 말하면 대부분은 계속해서 '북극곰'을 더 생각하게 되는 이치와 같다.

다행히 해결책은 있다. 의식의 공간이 작다는 것을 이용하여 생각을 통제하는 기술을 배우는 것이다. 그 기술은 바로 '특정한 생각을 하지 않으려고' 애쓰는 게 아니라 '하고 싶은 생각을 하는' 연습을 하는 것이다.

이때 '말'이 엄청나게 유용한 도구가 된다. 생각이 잘 바뀌지 않을 때는 말을 먼저 바꾸면 되기 때문이다. 그러면 새로운 말에 따라 생각이 바뀐다. 마음의 무대 위를 점령했던 부정적인 생각이 무대 아래로 내려가고 새로운 생각이 무대 위로 올라오는 것이다. 그러니 원치 않는 생각을 없애려고 씨름하기보다는, 자신에게 도움이 되는 생각이나 필요하다고 여겨지는 생각을 가만히 반복해서 말하는 게 훨씬 더 효과적이다.

그렇다고 마음에도 없는 말을 억지로 반복할 필요는 없다. 예를 들면, 마음이 굉장히 불안한 상태에서 "나는 평화롭다"는 말을 반복하는 건 오히려 역효과를 낼 수 있다. 스스로도 잘 믿어지지 않는 말을 반복하는 건 자기 자신을 기만하는 것처럼 느껴지고, 스스로에게 윽박지르는 것처럼 느껴질 수도 있기 때문이다.

그보다는 자신이 받아들일 수 있는 말, 이해할 수 있는 말, 진심을 담아 바랄 수 있는 말을 선택한 뒤 그 말을 가만히 묵상하듯 반복하는 것이 좋다. "내가 건강하기를", "내가 평화롭기를", "내가 행복하기를", "내가 성장하기를"과 같은 말들이 대표적인 예다. 이러한 말들은 크게 부담스럽지 않으면서도 긍정적인 영향을 준다.

이렇게 마음에 와닿는 긍정적인 말들을 반복해서 읊조리다 보면 우울이나 좌절, 분노 등 부정적인 감정을 일으키고 삶을 무의미하게 만드는 '병든' 말의 알고리즘이, 희망을 품게 하고 삶의 의미를 찾아가는 '건강한' 말의 알고리즘으로 바뀌게 된다.

이 책은 말이 우리에게 어떤 영향을 미치는지, 그리고 구체적으로 어떤 말이 우리의 행복과 성공과 관계에 도움이 되는지를 소개한다. 읽다가 와닿는 구절이 있다면, 그 문장을 가만히 숙고하고 묵상하는 시간을 가져보면서 입으로도 자주 말해 보길 바란다. 말을 통해 행복과 성공과 좋은 관계를 마음의 무대 위로 자꾸 불러내는 것이다.

이 과정을 통해 좋은 말이 내면의 언어로 자리잡게 되면, 기존의 말 습관과 생각 습관이 변하면서 부와 행복을 끌어 당긴다. 이러한 체화 과정이 없다면, 컴퓨터 모니터 앞에 붙여놓은 좋은 글귀처럼, 또는 교실에 걸어놓은 급훈처럼 우리의 삶에 아무런 영향을 미치지 못하는 죽은 말이 되고 말 것이다.

언어를 사용하는 인간은 말에 영향을 받을 수밖에 없다. 특히 어린 시절에는 부모가 사용하는 말을 그대로 학습하게 되는데, 부모로부터 배운 말의 방식이 마음에 들지 않아 불만일 수도 있다.

하지만 이미 성인이라면 더 이상 부모의 말하기 방식을 답습할 필요는 없다. 지금 자신이 사용하는 말에 변화를 줌으로써 언제든지 말의 방식, 나아가 생각의 방식을 새롭게 만들어갈 수 있다. 건강한 말 습관과 생각 습관을 만들어 자신의 삶을 건강하고 행복하고 성공적으로 만들어 보자. 이 책

말의 알고리즘

속의 단 한 마디 말이라도 독자 여러분의 마음속에 깊이 뿌리를 내려, 삶을 지탱해 주고 훌륭한 열매를 맺으면 좋겠다.

당신이 건강하기를,

당신이 평화롭기를,

당신이 행복하기를,

당신이 성장하기를,

진심으로 바란다.

차례

제1장

운명을 바꾸는 말의 알고리즘

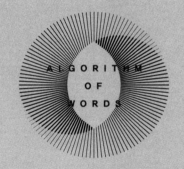

ALGORITHMS
OF
WORD

◆

속말과 바깥말이
우리를 조종한다

◆

언어는 마치 달이 조류에 영향을 미치듯,
우리에게 숨겨진 힘을 발휘한다.

리타 메이 브라운

아침에 눈을 뜨는 순간부터 밤에 눈을 감는 순간까지 우리는 수많은 말에 둘러싸여 하루를 보낸다. 의식하든 의식하지 못하든, 혼자 있든 함께 있든, 집에 있든 바깥에 있든 말이다. 우리는 이 말들에 의해 끊임없이 영향을 받는다. 말이 우리의 행동, 기분, 신체 감각을 변화시키는 것이다.

하루 동안 접하는 말의 종류는 다음과 같다. 혼자 마음속으로 하는 말, 다른 사람이 나에게 하는 말, 내가 남에게 하는 말, 지하철이나 버스 안에서 일방적으로 듣게 되는 다른 사람들의 말, 그리고 여러 대중매체의 영상이나 지면에서 접하게 되는 이미지화되거나 활자화된 말….

이처럼 말의 종류는 다양하지만, 크게는 두 가지로 구분할 수 있다. 스스로에게 하는 '속말'과 밖에서 들려오는 '바깥말'이다.

스스로에게 하는 속말은 다시 긍정적 영향을 주는 경우와 부정적 영향을 주는 경우로 나눌 수 있다.

긍정적 영향을 주는 속말의 대표적인 예는, 스포츠 선수들이 자주 하는 '혼잣말'이다. 스포츠 경기를 볼 때 선수들이 혼자 중얼거리는 걸 본 적이 있을 것이다. 선수들은 스스로를 격려하거나 불안을 조절하기 위해 혼잣말을 의도적으로 사용한다. '나는 할 수 있다', '모든 건 내 편' 등 언어를 통해

말의 알고리즘

자신의 기분을 긍정적 방향으로 조절하려는 시도다.

다음은 속말이 부정적 영향을 미치는 사례다. 내담자 중에 불안증세가 심한 사람이 있었다. 집에서는 괜찮은데 밖으로 나와 대중교통을 이용할 때면 불안이 심해졌다. 지하철이나 버스가 빨리 오지 않으면 큰일이 날 것처럼 초조해지면서 심장 박동이 빨라지고, 그러다 공황발작으로 이어지는 악순환을 겪고 있었다. 불안의 원인은 '빨리빨리 해'라고 명령하는 듯한 속말과 '큰일 났다'라며 상황을 최악이라고 판단하게 만드는 속말에 있었다. 몸은 가만히 있어도 머릿속에서는 이 말들이 계속 맴돌아 늘 무언가에 쫓기는 사람처럼 초조하고 불안하고 편하게 쉴 수 없었던 것이다.

바깥말 또한 긍정적 영향을 주는 경우와 부정적 영향을 주는 경우로 구분할 수 있다.

누군가가 나에게 하는 칭찬, 격려, 배려의 말은 대체로 긍정적 영향을 준다. '칭찬은 고래도 춤추게 한다'라는 속담까지 있을 정도다.

반대로 무시, 비난, 경멸의 말은 부정적 영향을 준다. '가스라이팅gaslighting'이 대표적이다. 대상에게 반복적으로 비난과 질책을 가하여, 그 대상 스스로가 문제가 있고 능력이 부족하다고 느끼게 만드는 세뇌의 일종이다. 이러한 바깥말을 지속해서 접하는 사람은 자신을 신뢰하는 마음과 자존감을 잃고 만다.

이렇듯 속말이나 바깥말은 그 내용에 따라 우리에게 긍정적 혹은 부정적으로 영향을 미치게 된다. 특히, 반복될수록 그러한 경향은 두드러진다. 즉, 특정한 말을 스스로에게 반복해서 말하거나 누군가가 나에게 반복해서 말한다면 점점 그 말을 믿게 될 가능성이 커진다는 것이다. 그리고 그 믿음은 나의 생각, 감정, 행동, 신체 감각에 영향을 미치게 된다.

반복되는 언어적 설득은 생각보다 강력하다. 예를 들어, 가짜 뉴스를 처음 접하면 우리는 거짓인지 아닌지 분별할 수 있고 쉽게 믿지 않는다. 하지만 반복해서 노출되면 서서히 그 뉴스에 영향을 받게 된다. 믿지 않는다고 생각하면서도 그 메시지에 자신도 모르게 침식당하는 것이다.

자주 노출되는 뉴스에 영향을 받지 않고 객관적인 판단을 하기 위해서는 번거롭더라도 그 내용의 사실 여부를 먼저 확인하는 습관을 들여야 한다. 그럴 때 지혜가 생기고 현명해지며 주변 메시지에 쉽게 부화뇌동하지 않고 자신만의 기준에 따라 판단하는 힘이 생긴다.

말도 마찬가지다. 내가 어떤 말에 영향을 받고 있는지 자각하지 못하면 습관적으로 반복되는 자신의 속말이나 타인의 바깥말을 그대로 믿게 된다. 자신의 의지와는 상관없이 그 말에 의해 자신의 행동, 태도, 기분이 좌지우지되는 것이다.

따라서, 속말에 이리저리 끌려다니지 않고 주도권을 잡기 위해서는 먼저 자신이 어떤 속말을 습관적으로 하고 있는지를 아는 것이 중요하다. 그런 다음 그 말이 자신의 기분을 상승시키는지 하향시키는지를 점검해 보아야 한다.

만약 습관적으로 하는 속말이 자신의 기분을 나락으로 떨어트린다면 일단 속말을 멈춘 후 지금 해야 할 일에 집중하는 게 좋다. 그리고 여유가 생기면 기분을 고양시키는 속말로 대체해야 한다.

바깥말에 대한 주도권을 잡기 위해서는 타인의 말에 내가 어떤 영향을 받고 있는지를 먼저 알아야 한다. 타인의 말에 기분이 나빴다면 왜 그 말이 자신의 기분을 상하게 했는지 들여다보자. 그런 다음 그 말의 사실 여부를 확인한 후 받아들일 내용은 받아들이고 그렇지 않은 내용일 경우 버리면 된다.

가장 중요한 사실은 속말이든 바깥말이든 그 어떤 말도, 내가 믿지 않으면 내 안에서 영향력을 행사할 수 없다는 것이다. 그러므로 긍정적 영향을 끼치는 말들은 기꺼이 수용하되, 부정적 영향을 끼치는 말들은 단호히 거부할 필요가 있다.

내 말을 가장 먼저 듣는 사람은
내 자신이다

마음속 생각은 현실로 나타난다.
이 세상은 당신을 비추는 거울일 뿐이다.

제임스 앨런

GIGO라는 컴퓨터 용어가 있다. 'Garbage In Garbage Out'의 약자로 쓰레기가 들어가면 쓰레기가 나온다는 뜻이다. 원치 않은 결과의 원인은 잘못 입력된 정보 값 때문이다. 우리가 하는 말도 그렇다. 그냥 나오는 말 같지만, 그 말과 관련된 생각, 즉 정보 값에 따른 결과다.

　방금 내가 무슨 생각을 했는지 혹은 그 전부터 품었던 생각이 무엇인지에 따라 지금 내가 하는 말의 내용이 결정된다. 예를 들어, 평소에 스스로를 형편없게 생각하고 자기 비하를 일삼았다면 실수하거나 실패했을 때 자동으로 '내가 하는 일이 그렇지', '난 도대체 잘하는 게 뭐지' 등과 같은 말이나 생각이 튀어나온다.

　마찬가지로 평소에 누군가를 형편없다고 생각하고 있었다면 그와 관련된 말이나 생각이 쉽게 나오게 된다. 즉, 내 입에서 나오는 말은 나의 생각을 오롯이 반영한다는 것이다. 실수로 나와 버린 말도 사실은 자신의 생각을 보여준다.

　GIGO의 표현을 빌리자면 다소 과격하지만 이렇게 말할 수도 있다.

　'쓰레기 같은 생각을 하면 쓰레기 같은 말이 나온다.'

　물론 그 반대도 성립한다.

　'보석 같은 생각을 하면 보석 같은 말이 나온다.'

쓰레기 같은 말을 할 때 가장 먼저 그 말을 듣는 사람은 누굴까? 반대로 보석 같은 말을 할 때 가장 먼저 그 말을 듣는 사람은 누굴까?

자신에게 말할 경우, 그 말을 가장 먼저 듣는 사람은 당연히 자기 자신이다. 그런데, 상대방에게 말할 경우에도 그 말을 가장 먼저 듣게 되는 사람은 자기 자신이다. 쓰레기 같은 말이든 보석 같은 말이든 그 말을 하기 위해선 먼저 그 생각을 품어야 하기 때문이다. 따라서, 어떤 말을 하기 위해서는 자신이 그 상태가 되어야 한다. 쓰레기 같은 말을 하기 위해서는 자신이 먼저 쓰레기 같은 상태가 되어야 하고, 보석 같은 말을 하기 위해서는 자신이 먼저 보석 같은 상태가 되어야 한다는 말이다.

붓다는 이를 두고 다음과 같이 말했다.

'화를 품고 있는 것은 남에게 던지기 위해 자신의 손에 뜨거운 석탄을 쥐고 있는 것과 같다.'

남에게 화상을 입힐 의도를 가지고 뜨거운 석탄을 쥐고

있다면 던지기도 전에 자신이 가장 먼저 화상을 입게 된다.

독을 품은 말을 하려면 상대방에게 전달하기 전에 내가 먼저 그 독을 먹어야 한다. 마찬가지로 상대방을 살리는 말을 하려면 내가 먼저 그 말의 기운을 먹어야 한다. 결국, 상대방을 죽이는 말은 나를 죽이는 말이고, 상대방을 살리는 말은 결국 나를 살리는 말인 것이다.

당신은 어떤 말을 자신에게 먹이고 싶은가? 무슨 내용을 말하든 누구에게 말하든, 말할 때마다 가장 먼저 듣는 자는 당신임을 기억해야 한다.

말의 알고리즘

◆

감정은
뇌의 신경회로를 바꾼다

◆

무슨 생각을 할까 고르는 법을 배워라.
인생을 통제하고 싶다면 마음을 훈련시켜라.
그거야말로 우리가 유일하게 통제할 수 있는 것이다.

엘리자베스 길버트

우리는 감정을 '좋은 감정'과 '나쁜 감정'으로 구분하는 데
익숙하다. 즐거움, 행복, 편안함은 좋다고 생각하고 불안,
우울, 화는 나쁘다고 여기며, 나쁘다고 생각하는 감정을 느
끼면 이를 떨쳐버리기 위해 애쓴다.

하지만 곰곰이 생각해 보면 감정을 '좋다' 혹은 '나쁘다'로 나누는 것은 '낮은 좋다', '밤은 나쁘다'라고 나누는 것만큼이나 이상하다. 낮과 밤은 자연의 이치이듯 우리가 경험하는 다양한 감정도 그 감정대로 의미가 있기 때문이다. 무지개가 아름다운 건 일곱 개의 다양한 색깔이 공존하는 덕분이다. 마음의 날씨라고 할 수 있는 감정도 마찬가지다. 다양한 감정이 존재하기에 삶이 그만큼 풍요롭고 아름다워진다. 다채로운 감정을 경험할 수 있다는 건 인간에게 주어진 선물이자 특권이다.

따라서, 좋은 감정이나 나쁜 감정으로 나누는 대신, 내가 느끼는 감정이 '내 삶을 성장시키고 풍요롭게 하는지' 아니면 '내 삶을 퇴보시키고 파괴하는지'로 나누는 것이 더 적합하다. 예를 들어, 질투라는 감정이 자기학대나, 질투를 일으키는 대상에 대한 증오로 이어진다면 질투는 분명 나쁜 감정이다. 반대로, 자신을 성장시키고 성숙하게 만든다면 질투는 좋은 감정이다. 상대방을 사랑하는 감정이 자신과 상대방 모두의 성장을 가져온다면 좋은 감정이지만, 상대방과 자신을 옥죈다면 나쁜 감정이다.

감정이 삶에 부정적인 영향을 준다고 할 수 있는 또 하나의 경우가 있다. 특정 감정에 사로잡혀 그 감정에 지배될 때다. '화'라는 감정을 예로 들어보자. 살다 보면 여러 이유로 화가 나는 일이 생긴다. 화가 나면 그 화가 언제까지 지속될까? 이런 질문을 하면 짧게는 몇 분에서 길게는 며칠까지라는 다양한 답변이 나온다. 간혹 몇 년째 화를 가지고 있다는 사람도 있다.

미국의 뇌 과학자 질 볼트 테일러Jill Bolte Taylor에 따르면, 한 감정이 일어났다가 사라지는 데는 평균 90초가 걸린다. 예를 들어, 내가 어떤 일로 화가 났다면 그 '화'는 90초 후엔 생리적으로 내 몸과 뇌에서 사라지는 것이다.

하지만 90초가 지났는데도 계속 화가 난다면? 그것은 내가 그 화를 붙잡고 있다는 것이다. 그런데, 화를 붙잡는 시간이 길어질수록 그리고 이런 과정을 자주 반복할수록 뇌에는 '화'에 이르는 전용 고속도로가 생긴다.

주변을 둘러보면 습관적으로 화를 내는 사람이 한두 명은 떠오를 것이다. 혹시 여러분이 그중 한 명일지도 모르겠다. 화는 아니더라도 자주 경험하는 정서가 있다면 그 감정과 관련된 고속도로가 자신의 뇌에 깔린 것이다.

전용 고속도로가 만들어진 감정은 일상에서 다른 감정보다 쉽게 그리고 자주 경험할 확률이 높다. 이런 경우를 심리학 용어로 '반응성reactivity'이 높다고 표현한다. 자주 반복되어 습관화된 감정은 반응성이 높은 감정인 것이다. 옆에서 누가 '툭' 하고 건드리면 자동으로 나오는 반응성이 높은 감정이 여러분에게 있는지, 있다면 어떤 감정인지 한번 생각해 보자.

반응성이 높은 감정을 만드는 일등 공신은 '생각'이다. '생각할수록 화가 나네'라는 말에서도 알 수 있듯, 생각은 감정이라는 불을 지속시키고 활활 타오르게 만드는 연료다.

이때 어떤 생각을 하느냐에 따라 우리가 경험하는 감정이 달라진다. 예를 들어, 자주 반복하는 생각의 내용이 과거에

말의 알고리즘

자신이 저지른 잘못이나 실수에 대한 후회 그리고 그로 인한 자기 비난이라면 우울한 감정을 경험할 확률이 높다. 미래에 대한 최악의 시나리오를 반복해서 생각한다면 불안한 감정을 느낄 확률이 높으며, 타인에 대한 원망을 반복해서 생각한다면 분노를 경험할 확률이 높다.

우울, 불안, 분노를 유발하고 지속시키는 생각을 반복하면 뇌에는 특정 신경회로가 만들어진다. 이렇게 만들어진 직통 연결통로는, 작은 자극에도 쉽게 우울, 불안, 분노의 감정을 촉발시키고 그 감정에 사로잡히게 만든다. 그렇게 반복해서 자주 경험하는 정서는 결국 태도로 자리잡게 된다.

이미 만들어진 감정회로가 삶을 풍요롭게 하고 주변 사람들에게도 도움을 준다면 그것으로 충분하다. 하지만 삶을 피폐하게 하거나 주변 사람들을 힘들게 한다면 기존의 회로에서 벗어날 수 있는 새로운 회로를 만들어야 한다.

◆

운명을 바꾸려면
말부터 바꿔라

◆

하루 종일 생각하는 것이
곧 당신이다.

레지나 브렛

우리는 하루에 생각을 몇 번이나 할까?

캐나다 퀸스대 연구진에 따르면 1분당 평균 6.5번의 생각 전환이 일어나고 이를 하루 중 깨어 있는 시간으로 계산하면 대략 6,000번 정도라고 한다.

말의 알고리즘

연구진들은 생각을 시각화하기 위해 뇌의 활동 패턴을 2차원 이미지로 변환했는데 그 모습이 애벌레 같아서 '생각벌레thought worm'라는 이름을 붙였다. 성인의 경우 하루에 평균 6,000번의 생각을 하니 매일 6,000개 생각벌레가 생겼다 사라지는 셈이다.

　우리가 하루에 생각을 6,000번이나 한다는 사실보다 더 중요한 건 '주로 어떤 생각을 하느냐'이다. 반복적으로 생각하는 내용이 군집을 이루고 생각 습관으로 자리잡기 때문이다.

　마치 우리가 본 영상의 내용에 따라 그와 관련된 콘텐츠들을 자동으로 노출시켜 주는 유튜브의 알고리즘처럼, 주로 내가 관심을 두고 주의를 기울이는 생각은 그와 관련된 또 다른 생각들로 연결된다.

　다시 말해, 내가 만들어 내는 생각벌레가 주로 어떤 내용인지에 따라 내가 어떻게 말하고 행동하는지가 달라지며, 그것들이 결국 나의 인생을 결정한다는 것이다.

우리는 '내가 어떤 생각을 하고 있는지' 잘 의식하지 못하며, 더 나아가 '생각을 하고 있다'는 사실조차 의식하지 못한 채로 살아간다. 그런데 의식적으로 노력하지 않으면 긍정적인 생각보다 부정적인 생각을 더 많이 하게 된다. 우리의 뇌는 주로 긍정보다 부정에 초점을 맞추기 때문이다. 따라서 생각의 알고리즘을 바꾸려면 긍정적으로 생각하는 습관을 기르는 훈련이 필요하다.

생각 습관을 기르는 건 몸의 근육을 키우는 일과 비슷하다. 예를 들어, 팔의 근육을 키우려면 팔에 힘이 들어가는 동작을 반복해야 한다. 자신의 체중을 이용하든 기구의 도움을 받든 반복적으로 무게 저항을 이겨낼 때 근육에 힘이 들어가고 근력이 생긴다. 그렇게 하다 보면 들 수 있는 무게가 점점 늘어난다.

생각 습관도 마찬가지다. 이는 마음의 근육을 키우는 것이라 볼 수 있다. 내가 쉽게 부정적인 생각으로 빠지는 이유는 긍정 근육보다 부정 근육이 더 발달했기 때문이다. 그러

말의 알고리즘

니, 긍정 근육을 반복적으로 써서 크기를 키워야 한다. 자꾸 긍정적인 생각을 하다 보면 점점 더 긍정적으로 생각하기 쉬워지고 그 빈도 또한 늘어나게 된다.

긍정 근육을 키우는 첫걸음은 자신이 어떤 생각에 '주의attention'를 두고 있는지를 먼저 알아차리는 것이다. 이와 관련된 유명한 인디언 일화가 있다.

한 인디언 할아버지가 손자에게 이렇게 말한다.

"인간의 마음에는 착한 늑대와 나쁜 늑대가 살고 있단다. 이 둘은 늘 싸우지."

손자가 묻는다.

"어떤 늑대가 이겨요?"

할아버지는 손자에게 이렇게 대답한다.

"네가 먹이를 주는 늑대가 늘 이긴단다."

이때 할아버지가 말한 '먹이'는 바로 '주의'다. 내가 어디에 자주 주의를 기울이는지에 따라 이기는 늑대가 달라진다.

자꾸만 부정적으로 흐르는 생각의 알고리즘을 바꾸기 위

해 가장 먼저 필요한 것은 바로 '나는 지금 어떤 늑대에게 먹이를 주고 있는가?' 하는 물음이다. 일상생활을 하다가 틈틈이 이 말을 자신에게 건네 보자. 그 순간이 바로 생각의 알고리즘이 바뀌게 되는 시작점이 될 것이다.

◆

그게 무엇이든
말하는 대로 된다

◆

인생에서 능력이나 재능보다 더 중요한 변수는 언어 습관이다.
말이 그 사람의 성공에 결정적인 역할을 한다.

마틴 셀리그만

저자(고은미)가 진행하는 교육 프로그램에서 시각, 청각, 후각, 촉각, 미각에 오롯이 주의를 기울여 현재에 주의를 집중하도록 도와주는 '오감명상'을 과제로 내준 적이 있다. 오감명상을 일상생활에서 실습한 후 그 경험을 나누는 자리에서 한 여성 참가자가 했던 이야기가 기억에 남는다.

　다섯 살 난 딸을 둔 그녀의 집은 언덕 위에 있어서 자연풍
광은 좋았지만 오르내리기가 힘들었다고 한다. 어린이집 차
가 그곳까지 올 수 없어서 아이를 매번 어린이집에 데려다
주고 데리고 와야만 했다.

　그날도 여느 때처럼 아이를 데리고 집으로 올라가는 길이
었는데 문득 과제가 생각나서 주변 풍경의 다양한 모습과
색깔 그리고 들려오는 소리 등에 주의를 기울이고 감각에
집중했다고 한다.

　그러다 보니 감사함과 충만함이 느껴지면서 자신도 모르
게 아이에게 이렇게 말하게 됐단다.

　"이 나무 좀 봐. 너무 예쁘다", "하늘이 정말 아름답네",
"바람이 시원해서 기분이 참 좋다".

　그런데 갑자기 딸아이가 그러더란다.

　"엄마, 오늘은 안 힘들어?"

　예상치 못한 아이의 말에 잠시 당황하다 "엄마가 예전에

는 뭐라고 말했어? 힘들다고 그랬어?" 하고 물었더니 아이
가 "응" 하고 대답하면서 다음과 같이 말하더란다.

"아이고 힘들어. 왜 이렇게 높아", "더워 죽겠네", "힘들어
죽겠네", "지겨워"….

더 충격적인 건 아이가 자신의 표정, 말투, 행동도 똑같이
따라 한다는 것이었다. 그때 너무 놀라서 아이에게 뭐라고
말해야 할지 순간 멍했다고 한다.

아이를 데리고 비탈길을 오르내리면서 힘들다고 생각한
건 사실이지만 입 밖으로 꺼낸 기억은 없었단다. 그런데 얼
마나 자주 말했으면 아이의 예쁜 입에서 그런 말이 나왔겠
냐며 자기도 모르게 습관적으로 불평불만의 말을 달고 살았
음을 알게 되었다고 말했다. 그녀는 이번 계기로 평소의 생
각 습관이 말 습관이 된다는 걸 크게 깨달았다고 했다.

말은 생각을 반영한다. 그리고 생각은 자신의 주의가 어
디로 향해 있는지 알려 준다. 힘들고 불편한 곳에 주의가 가
있으면 그와 관련된 생각을 하게 되고 이는 다시 말로 나오

게 된다.

습관화된 말은 우연히 나온 말도 아니고 얼떨결에 나온 말도 아니다. 종을 울린 다음에 개한테 먹이 주는 것을 반복했더니 나중에는 종소리만 들려줘도 개가 침을 흘리게 되었다는 파블로프의 개 실험처럼, 어떠한 상황에서 특정한 생각을 하는 것을 반복하다 보니 자신도 모르게 그와 관련된 말이 입에 달라붙게 된 것이다. 따라서, 자신이 습관처럼 부정적인 말을 쓰고 있다는 것은, 부정적인 생각을 습관처럼 한다는 말과 같다.

그런데, 부정적인 생각이나 말을 할 때는 웃으면서 할 수 없다. 찡그리거나 혹은 경직된 표정을 짓게 된다. 만약 부정적인 생각이나 말을 습관처럼 하게 된다면 어떨까? 점점 그에 따른 표정 근육이 발달하고 굳어져 얼굴 전체의 인상을 나쁘게 만들 것이다. 삶에도 좋지 않은 영향을 주게 될 것이다.

이럴 때 '말의 재습관화'가 필요하다. 다음의 네 가지 행동이 여기에 큰 도움이 된다.

첫째, 나의 주의가 어디로 향해 있는지, 자신이 무슨 생각을 하는지, 어떤 말을 하는지를 먼저 아는 것이다.

둘째, 습관적으로 쓰는 말이 튀어나오려고 할 때 일단 멈추어 보는 것이다.

셋째, 그다음 어떤 말을 할지 또는 하지 않을지 선택하는 것이다. 자신이 습관적으로 하는 말이 무엇인지 알아차리게 되면 그 말이 입 밖으로 나오기 전에 멈출 수 있게 되고 어떤 말을 사용할지 말지 선택할 수 있다.

넷째, 속으로 하는 말로든 겉으로 하는 말로든 평소에 건강한 말을 자꾸 사용하는 것이다. 건강한 말을 자꾸 사용하면 그만큼 건강하지 않은 말의 사용이 줄어든다.

이렇게 말을 재습관화할 때, 우리는 원하지 않는 것에 초점을 맞추기보다 원하는 것에 초점을 맞추게 된다. 그럴 때 삶은 우리가 원하는 모습에 더 가까워진다. 습관적으로 사용하는 말은 우리의 존재를 나타내고 삶을 규정짓기 때문이다.

그러므로, 지금 내가 하는 말이 정말 내가 원하는 삶의 방향에 부합하는지 살펴보고, 그렇지 않다면 내가 원하는 삶과 일치하는 방향으로 말하려고 의도적으로 노력해 보자.

다음 장부터는 자신이 바라는 삶과 가치에 걸맞는 말들이 자연스레 입에서 흘러나올 수 있도록 관련된 말들과 친숙해지는 연습을 시작해 볼 것이다.

제2장

행복을 끌어당기는 말의 알고리즘

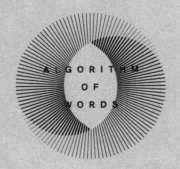

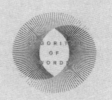

SPIRIT
OF
LORD

변화의 힘은
항상 현재에 있다

◆

우리의 인생은
우리가 생각하는 대로 만들어진다.

마르쿠스 아우렐리우스

영국의 런던은 오랜 역사를 가진 도시답게 길 또한 매우 복잡하기로 유명하다. 그 복잡한 시내를 런던의 택시기사들은 내비게이션 없이 오로지 자신의 머릿속에 저장된 정보로만 운전해 다닌다.

그들이 모는 택시는 '블랙 캡'이라고 불린다. 블랙 캡을 몰기 위해서는 택시면허 시험을 거쳐 자격증을 따야 하는데 보통 4년 정도 걸린다고 한다. 런던 시내의 2,500개가 넘는 복잡한 길과 1,000개가 넘는 각 도로의 주변 지형지물을 모두 외워야 하고, 출발지에서 목적지까지의 최단 경로와 주변 시설 그리고 소요시간까지 말할 수 있어야 하기 때문이다.

런던 시내의 모든 도로에 대한 정보가 머릿속에 통째로 있는 블랙 캡 택시기사들의 두뇌는 일반인들의 두뇌와 차이가 있을까 아니면 비슷할까?

캐서린 울렛Katherine Woollett과 그녀의 동료들이 실험을 통해 이를 검증했다. 실험 결과, 블랙 캡 택시기사들의 해마(기억력 및 공간탐지능력과 관련된 뇌 영역)는 일반인들보다 몇 배는 더 컸다. 그리고 같은 블랙 캡 택시기사더라도 운전 경력이 오래될수록 해마의 크기가 더 큰 경향을 보인 반면, 은퇴한 블랙 캡 택시기사들은 해마의 크기가 줄어드는 경향을 보였다.

또 다른 재미있는 연구로 하버드 대학의 신경과학자인 아미르 라하브Amir Lahav와 그 동료들의 연구가 있다. 그들은 피아노를 배워보지 않은 사람들을 대상으로 5일간 매일 30분 동안 특정한 피아노곡을 직접 연주하도록 훈련시켰다.

마지막 5일째 되는 날, 연구자들은 피아노 3곡을 들려주며 참가자들의 뇌를 스캔했다. 그 결과, 3곡을 듣는 동안 참가자 모두 동일하게 뇌의 청각 영역이 활성화되었다.

소리 자극으로 인한 청각 영역의 활성화는 당연한 결과다. 하지만, 이 실험의 흥미로운 점은 다른 데 있었다. 바로, 참가자들이 5일간 매일 직접 연주했던 피아노곡을 들었을 때에 활성화된 뇌의 부분이었다. 피아노 3곡 중, 자신이 연습했던 곡이 흘러나오자 참가자들의 뇌에서는 청각 영역뿐만 아니라 몸의 움직임과 관련 있는 전운동 영역Premotor cortex이 함께 활성화되었다.

두 연구 결과의 공통된 시사점은 두뇌는 고정된 게 아니라 노력에 의해 변할 수 있다는 사실이다. 이를 '신경가소성

neuroplasticity'이라고 한다.

신경가소성이란 우리가 주의를 기울이고, 생각하고, 말하고, 행동하는 방식에 따라 뇌의 구조와 기능이 언제든 바뀔 수 있음을 의미한다.

이러한 원리로 우리가 자주 하는 생각, 말, 행동 등은 뇌에 흔적을 남기고 패턴을 형성한다. 뇌에 회로가 만들어지는 것이다. 그래서 우리는 모두 자신만의 특정한 뇌 회로를 가지고 있다. 만약 그 회로가 자신과 주변 사람을 이롭게 한다면 다행이지만, 그렇지 않다면 바꾸는 게 좋다.

이미 하나의 길로 자리잡은 기존의 뇌 회로를 다른 길로 우회시키기 위해서는 의도적으로 노력해야 한다. 기존과는 다른 곳에 주의를 두어 보고, 다르게 생각하고 말하고 행동하는 과정이 필요하다. 이는 풀로 무성한 길을 사람이 다닐 수 있는 길로 만드는 과정과 비슷하다.

아무리 무성한 풀밭이라도 반복해서 발로 밟고 지나가다 보면 흔적이 남겨지듯, 반복해서 주의를 다른 곳에 두고, 다르게 생각하고 말하고 행동하다 보면 뇌에 새로운 흔적이 새겨진다. 새로운 길이 선명해질수록 이미 만들어진 길은 흐릿해진다.

나와 내 주변 사람들까지 이롭게 하는 상생모드의 뇌 회로를 만드는 몇 가지 방법을 소개한다.

첫째, 마음을 말로 표현할 때 '싫어하는 것'이 아닌 '좋아하는 것'으로 말하는 것이다. 예를 들면, "시끄러운 건 정말 싫어" 대신 "나는 조용한 게 좋아", "욕하는 사람 정말 싫어" 대신 "상대방을 배려하는 말을 하는 사람이 좋아", "나는 자장면이 싫어" 대신 "나는 짬뽕이 좋아" 등으로 바꿔서 말하는 것이다.

둘째, 삶을 바라보는 방향을 조정하는 것이다. 살다 보면 좋은 일도 있지만 나쁜 일도 생긴다. 하루 중에도 '상승과 하강up and down'이 수차례 있다. 이때 좋은 일에 주의를 둘지 나쁜 일에 주의를 둘지에 따라 경험하는 정서가 달라진다.

스트레스를 잘 받는 불행의 달인은 나쁜 일에 주의를 집중하는 게 습관이 된 사람이다. 반대로 행복의 달인은 좋은 일에 주의를 집중하는 게 습관이 된 사람이다. 늘 나쁜 일에만 주의를 두었다면 좋은 일에 주의를 두도록 노력해 보자. 행복한 뇌 회로를 만드는 데 커다란 도움이 된다.

셋째, 누군가를 만날 때마다 습관적으로 하던 상대방에 대한 평가나 판단을 내려놓고 그 사람의 건강, 평안, 행복, 성장 등을 빌어 보는 것이다. 잠에서 깨어 눈뜨자마자 스스로에게 자비의 마음을 보내 주고, 함께 지내는 가족 혹은 반려동물 및 반려식물에 자비의 마음을 보내 주고, 문을 열고 나가서 마주치는 사람들을 향해 자비의 마음을 보내 주고, 회사에 도착해서 동료나 후배, 상사에게 자비의 마음을 보내 준다고 생각해 보라.

특히 이 방법은 뇌에 자비 회로를 만드는 데 특효다. 뇌에 자비 회로를 만드는 보다 구체적인 방법은 저자(김정호)의 유튜브 채널(MPPT 마음공부)에 올라와 있는 '자비 기원' 등의 동영상을 참고하면 좋다.

무성한 풀숲에 새길을 낸다는 마음으로 아직은 익숙하지 않은 새로운 생각, 말, 행동을 조금씩 그러나 꾸준히 연습해 보자. 그러다 보면 새로운 뇌 회로가 만들어지고 어느 순간 새로운 사람이 되어 있을 것이다.

◆

불행 버튼을 *끄고*
행복 버튼을 켜라

◆

행복은 원하는 걸 모두 가졌을 때가 아니라
이미 가진 것들을 즐길 때 온다.

랍비 하이먼 샤츨

인간의 본래 성향은 긍정에 가까울까, 부정에 가까울까?
긍정과 부정을 양쪽 저울에 올려놓고 무게를 잰다면 어느
쪽으로 더 기울까?

사람마다 기울기의 정도는 다르겠지만 대체로 긍정보다는

부정으로 기울어져 있다. 예를 들어, 우리는 타인의 장점보다 단점을 더 잘 찾아낸다. 또, 상대방이 잘해 준 것보다는 못 해 준 것을 더 오래 기억한다. 스스로에게도 그렇다. 자신의 장점과 단점을 적어보라고 하면 다들 단점은 술술 잘 적는다. 반면 장점을 적을 때는 한두 개 적고는 주변 사람들을 살펴보거나 장점을 더 떠올리려 애를 쓴다.

부정적인 것에 더 민감하고 영향도 많이 받는다. 누군가에게 칭찬을 받으면 그 순간은 기분이 좋지만, 그 말을 두고두고 생각하며 음미하지는 않으며 쉽게 잊어버린다. 하지만 누군가가 나에게 욕을 하면 쉽게 잊지 못하고 여러 번 곱씹으며 오래도록 괴로워한다. 포털 메인화면을 봐도 긍정적이고 따스한 제목의 기사보다 부정적이고 자극적인 제목의 기사가 압도적으로 많으며, 우리의 눈길을 더 사로잡는다.

왜 우리는 이성적으로는 부정적인 것보다 긍정적인 데 관심을 두는 게 현명하다는 걸 알면서도, 부정적인 데에 더 많은 관심과 에너지를 쏟고 더 많은 영향을 받을까?

그 이유는 인간의 생존시스템에 있다. 원시시대를 한번 떠올려 보자. 동굴 안에 옹기종기 모여 잠을 자는데 바깥에서 부스럭거리는 소리가 들린다. 이때 어떤 부족은 바람 소리라고 생각하고 계속 잠을 잔다. 또 다른 부족은 생명을 위협하는 맹수의 소리라고 생각하고 기겁해서 사람들을 깨워 밖으로 도망친다. 두 부족 중 어떤 부족이 오래 살아남을 확률이 더 높을까?

바람 소리인지 맹수의 소리인지는 확인해 볼 때까지 알 수 없다. 그러나, 부스럭거리는 소리의 실체가 나중에 바람 소리로 밝혀지더라도 일단은 맹수의 소리로 판단하고 도망치는 게 신체적으로 취약한 인간이 그나마 살아남을 수 있는 유일한 길이다. '저번에도 뛰쳐나갔는데 결국 바람 소리였잖아'라거나 '잠시만 기다려 봐. 무슨 소리인지 신중히 생각해 보고 결정하자'라고 생각했다간 맹수에게 잡아먹힐 수 있다. 비효율적이지만 일단은 위험신호로 판단해서 즉각적인 행동을 취하는 것이, 사느냐 죽느냐 하는 상황에서는 가장 합리적인 태도다.

말의 알고리즘

우리는 그렇게 살아남은 선조의 후손이다. 수 세기에 걸친 진화를 통해 지금의 인류가 되었지만, 생존시스템만은 진화 과정에서 배제된 것 같다. 생각하는 두뇌인 신피질은 점점 커지고 발달했지만, '부정편향성negativity bias' 즉, 모호한 자극을 부정적으로 평가하고 부정적인 것에 주의를 더 잘 기울이고 오래 기억하는 습성은 원시시대 그대로니 말이다.

부정편향성은 과거에는 분명 생명을 유지하고 지키는 데 도움이 되었지만, 동물원에나 가야 맹수를 만날 수 있는 현대사회에서는 오히려 몸과 마음의 자원을 고갈시키는 비효율적인 시스템이 되었다.

길을 걷다가 멀리서 마주 오는 사람을 보고 자신을 해칠 수 있다고 생각해서 매번 도망치는 사람이 있다고 생각해 보라. 그 사람의 삶이 어떻겠는가? 지나치게 불안하고 피곤할 것이다. 물론 생각대로 나쁜 일이 일어날 가능성도 있다. 그러나 일어나지 않을 가능성이 훨씬 더 크다. 일어날 확률이 낮은 일에 배팅을 거는 것은 누가 봐도 손해다.

이렇게 불확실한 자극을 위협으로 판단하게 만드는 영역

은 이마 뒤편에 있는 전두엽이다. 전두엽에서도 오른쪽 가장 앞부분인 '우측전전두엽'이다. 이 부분이 활성화되면 부정정서를 느끼기 쉬워진다. 한편, 왼쪽에 있는 '좌측전전두엽'이 활성화되면 기쁨, 열정, 활력 등의 긍정정서를 많이 느끼게 된다.

일반적으로 우리는 좌측전전두엽보다 우측전전두엽이 더 활성화되어 부정정서를 느끼기 쉽다. 그러나, 앞서 말했듯 일어나지 않을 일에 지나치게 부정정서를 느끼는 건 득보다 실이 크다. 따라서, 열세인 좌측전전두엽을 활성화하기 위한 의도적이고 반복적인 훈련이 필요하다. 그렇다면, 어떤 훈련을 하는 것이 좋을까?

매튜 리카드Matthieu Ricard 스님에게서 그 답을 구할 수 있다. '세상에서 가장 행복한 사나이'라는 별명을 가진 매튜 리카드 스님은, 일반인들에 비해 우측전전두엽보다 좌측전전두엽이 훨씬 더 활성화되어 있다. 즉, 불행 회로보다 행복 회로가 활성화되어 있는 것이다.

말의 알고리즘

그는 말한다. 자신의 행복 비결은 스스로의 행복을 비는 마음과 타인의 행복을 바라는 자비의 마음을 내는 데 있다고. 이와 더불어 행복한 생각을 매일 15분간 떠올리는 것도 커다란 도움이 된다고 했다.

의도적으로 행복하게 생각하는 힘을 키울 때 행복 회로가 활성화된다. 그동안의 내가 습관적으로 해 왔던 부정적인 생각, 말, 행동 패턴을 바꾸려는 시도가 긍정적인 생각, 말, 행동 패턴을 만드는 힘을 키운다는 말이다.

행복을 위해서는 세잎클로버 속에서 네잎클로버를 찾듯 의도를 가지고 주의를 집중해야 한다. 삶에서 감사한 일, 좋은 일을 찾아보고, 타인을 볼 때나 자신을 볼 때 단점보다는 장점을 보도록 하고, 모르는 사람을 지나칠 때 무심히 지나치기보다 그의 행복과 평화와 성장을 바라는 마음을 보내보자. 불행 회로가 꺼지고 행복 회로가 켜지게 될 것이다.

저자(김정호)는 또한 책 《일상의 마음챙김+긍정심리》에서 건강하지 않은 마음과 싸우기보다는 건강한 마음을 키우는

데 더 관심을 기울일 것을 강조한다. 건강한 마음에 더 많은 노력, 시간, 비용을 투자하게 되면 상대적으로 건강하지 않은 마음이 활성화되는 기회가 줄어들기 때문이다. 그러니 불행 회로를 끄려고 애쓰기보다는 행복 회로에 초점을 두고 긍정적인 생각, 말, 행동을 반복해 보자. 행복 회로가 강화될 뿐만 아니라 불행 회로가 점차 소거되는 이득까지 얻게 될 것이다.

◆

행복은 상황이 아닌
관점에 달렸다

◆

비관론자는 모든 기회에 숨어있는 문제를 보고
낙관론자는 모든 문제에 감춰져 있는 기회를 본다.

데니스 웨이틀리

〈핑크대왕 퍼시〉라는 동화가 있다. 핑크색을 광적으로 좋아하는 왕이 자기 나라의 모든 물건, 나무와 꽃을 핑크색으로 바꾸거나 물들이고, 심지어 백성들에게까지 모두 핑크색 옷만 입도록 명령을 내린다. 한 나라의 왕이니 자신의 명령으로 나라 안의 모든 것을 핑크색으로 바꿀 수 있었다.

그러나 단 하나 바꿀 수 없는 것이 있어서 왕은 불행했다. 그는 자신의 스승에게 해결책을 찾아 달라고 부탁한다. 고심 끝에 해결책을 찾은 스승은 왕을 데리고 높은 언덕 위로 올라간다. 그러면서 이렇게 말한다.

"하늘이 이제 막 핑크로 변하고 있어서 눈을 보호해야 하니 이 안경을 쓰십시오."

스승의 말에 따라 안경을 쓰고 하늘을 바라본 왕은 아주 흡족해한다. 그의 소원대로 하늘이 핑크빛으로 변했기 때문이다.

그런데 하늘이 정말 핑크빛으로 바뀌었을까? 물론 아니다. 스승이 건네준 안경의 렌즈가 핑크색이었기에 그렇게 보였던 것이다. 이 이야기는 자신이 어떤 색깔의 렌즈를 끼고 보느냐에 따라 같은 상황도 다르게 보일 수 있다는 것을 의미한다.

내가 행복을 원하면 행복을 잘 볼 수 있도록 행복 렌즈를 착용해야 한다. 만약 내가 지금 스트레스를 받고 있다면 스트레스 렌즈를 끼고 그 상황을 바라보고 있는 것이다.

그런데 무조건 행복 렌즈를 끼고 보면 다 좋은 것일까? 물 컵 비유를 예로 들자면, 행복 렌즈를 끼고 보는 건 물이 반절 있는 컵을 보고 '물이 가득 차 있다'고 보는 것과 같다. 이는 '물이 반이나 있다'고 보는 낙관성과는 다르다. 심리학에서는 이러한 태도를 '긍정 환상positive illusion'이라고 한다. 막연한 희망, 근거 없는 희망, 비현실적인 과도한 희망을 현실을 회피하기 위한 수단으로 사용하는 것이다.

디너Diener와 비스워스 디너Biswas-Diener 교수에 따르면, 질병이 있거나 불치병에 걸린 사람에게 자신이 느끼는 행복에 점수를 매겨보라고 했을 때, 최고점을 준 환자들은 그들보다 덜 행복하다고 응답한 환자들보다 단명할 가능성이 높았다. 자신이 처한 현실을 받아들이지 못하고 거짓 행복으로 상황을 외면하려는 태도는 오히려 비관적으로 생각하는 것보다 더 깊은 절망을 불러올 수 있다는 말이다. 비관주의자는 이미 최악을 생각했으므로 비록 현실에서 실패를 맞닥뜨리더라도 절망감의 폭이 크지 않은 반면, 허황된 희망을 품은 사람의 경우는 기대치가 높았던 만큼 현실에서 그것이 이뤄지지 않았을 경우 절망감의 크기도 상당했다.

바람직한 관점은 '현재 내 컵에 물이 반절 있다'는 객관적인 사실을 먼저 직시하는 것이다. 그런 다음 그 속에서 발견할 수 있는 가능성, 희망, 의미 등의 긍정적인 측면을 찾아 주의를 기울이고 이를 행동으로 옮기는 것이다.

이 이야기에서 간과하면 안 되는 또 하나의 점은 자신이 특정 렌즈를 끼고 있다는 것을 먼저 알아야 한다는 것이다. 그다음 그 렌즈가 자신의 행복과 성장을 가져오는지 아니면 고통과 퇴보를 가져오는지 살펴 보아야 한다. 후자의 경우라면 다른 렌즈로 바꿔야 한다. 이것이 바로 낙관주의자의 태도이며, 진정한 긍정의 힘이다.

말의 알고리즘

생각에도
황금비율이 있다

쉬운 일은 어려운 일처럼 어려운 일은 쉬운 일처럼 대하라.
전자는 자신감이 잠들지 않게 후자는 자신감을 잃지 않기 위함이다.

발타자르 그라시안

영화 〈멜랑콜리아〉는 행복과 성공을 중요시하는 현실에
서 삶에 회의적이고 부정적인 태도를 지닌 까닭에 부적응
자로 취급되던 주인공 저스틴이, 행성 충돌로 지구가 멸망
할 상황에 부닥치자 오히려 그 누구보다 잘 적응하는 모순

을 보여준다.

행성이 빗겨나갈 거라고 낙관했던 천문학자인 형부는 막상 행성이 충돌하자 그 상황을 받아들이지 못하고 스스로 목숨을 끊는다. 저스틴에게 긍정적으로 변해야 한다고 강요했던 언니는 상황판단능력을 잃어버린다. 그에 반해, 저스틴은 평소의 무기력하고 불안한 모습에서 벗어나 차분하면서도 활기차게 일상을 보내며 종말의 순간을 덤덤히 준비한다. 세상에서 부정적으로 평가받던 주인공의 '부정적'인 시각이 위기의 상황에서는 오히려 '긍정적'인 역할을 한 것이다.

지구 종말 같은 위기 상황에서뿐만 아니라 일상에서도 부정적인 생각이 더 유용하다는 주장도 있다. 대표적인 책이 노럼 박사의 《부정적 생각의 긍정적인 힘》이다. 노럼 박사는 성공을 위해서는 긍정적인 생각보다 부정적인 생각이 더 도움이 된다고 말한다. 이를 심리학에서는 '방어적 비관주의defensive pessimism'라고 한다. 방어적 비관주의의 가장 큰 특징은 무슨 일이든 늘 최악의 상황을 예상하고 그 상황

말의 알고리즘

에 대비하기 위해 수많은 경우의 수를 생각한다는 것이다. 이렇게 생각할 경우 몇 가지 장점이 있다.

첫째, 이미 최악의 경우를 생각하여 막상 실패하더라도 타격이 크지 않다. 둘째, 최악의 결과를 예상함으로써 불안과 걱정이 높아지고 이는 그에 대한 대책을 세우고 준비하게 하는 원동력이 된다. 셋째, 실패할 수 있는 여러 가지 상황에 대해 걱정함으로써 실패의 원천을 예방할 수 있다.

위와 같은 장점들로 인해, 방어적 비관주의자 중에는 사회적으로 성공한 사람들이 꽤 있다. 하지만, 그러한 성공에는 정서적 대가가 따른다. 이들은 늘 실패에 대해 염려하고 실패하지 않기 위해 상당한 노력과 시간을 들이기에 신경이 날카롭고 불안과 신경증 증상을 보이게 된다. 결국, 과도한 걱정으로 불안이 높아져 장기적으로는 오히려 수행에 부정적 영향을 미치게 된다. 건강에도 적신호가 켜짐은 물론이다. 그리고 성공이 아닌 실패에 초점을 둠으로써 자존감이 낮아지고, 주의의 폭이 좁아지며, 대인관계에서 어려움을 겪을 가능성이 커진다.

게다가, 아무리 실패하지 않기 위해 노력하더라도 통제할 수 없거나 예측이 빗나가는 상황은 언제든 발생한다. 통제할 수 있는 상황보다 통제할 수 없는 상황이 많은 게 인생이기 때문이다. 누구도 모든 상황을 예측해서 대비할 수는 없기에, 이들은 항상 이길 수 없는 게임을 하고 있는 것과 같다.

따라서, 삶을 부정적으로 바라보던 멜랑콜리아의 주인공인 저스틴이 지구 종말의 상황에서 가장 차분하고 현실적일 수 있었다고 하더라도, 저스틴처럼 매일의 삶을 잿빛으로 바라본다면 득보다 실이 훨씬 많다. 게다가 살아있는 삶이라고 보기도 어렵다. 최악의 상황에 잘 적응하기 위해 매일 최악을 생각하고 살아간다면 평범한 일상의 삶은 불안과 긴장과 두려움으로 잠식될 것이다.

물론, 노럼 박사의 말처럼 모든 부정적인 생각이 나쁜 건 아니다. 장점도 있으니 말이다. 정말 중요한 건 '비율'이다. '마음상태분석모형SOM model : States Of Mind model'에 따르면 긍정적인 생각과 부정적인 생각의 비율이 1.7 : 1일 때 인간은 긍정의 상태를 유지하는 동시에 스트레스를 일으키는 위협 요소들에 충분한 주의를 기울일 수 있는 대처 능력을 갖춘다고 한다.

부정사고가 긍정사고보다 더 많을수록 우울이나 불안 같은 정신병리적 증상이 심해지며, 반대로 긍정사고의 비율이 지나치게 높을 경우에도 현실적으로 필요한 정보 탐색능력이 현저히 떨어져 결국 부적응적인 결과를 초래한다. 너무 기분이 나쁠 때도 현실을 직시하지 못하고 상황판단에 오류를 범하기 쉬워지지만, 기분이 너무 좋을 때도 마찬가지로 상황판단에 오류를 범하기 쉬운 것이다. 두 발은 현실이라는 땅에 단단히 딛고 서 있되, 그 시선은 살짝 위를 향할 때 생각은 가장 효율적이고 창의적으로 작동한다.

인간의 생명을 유지하는 데 중요한 기능 중 하나는 체온의 '항상성homeostasis'이다. 항상성이란 생체가 일정한 상태를 유지하는 성질을 말하는데, 체온이 36.5도 이상이거나 이하일 경우 생명의 위협을 받는 인간에게 이는 커다란 도움이 된다.

마음의 건강을 유지하는 데도 생각의 항상성이 필요하다. 과도한 부정적 생각이나 긍정적 생각은 마음의 건강을 위협한다. 체온이 오르면 땀을 흘려 체온을 낮추고 체온이 낮으면 몸을 떨어 체온을 올려 항상성을 유지하듯, 부정적 생각을 과도하게 할 경우, 긍정적 생각을 의도적으로 하려고 노력해야 하고, 반대로 긍정적 생각으로 모든 세상이 핑크빛으로 보일 때는 객관적이고 비판적인 생각을 하려고 의도적으로 노력해야 한다.

그렇게 긍정적 생각과 부정적 생각의 비율이 1.7 : 1을 유지하여 생각의 항상성이 유지될 때, 우리는 현실을 있는 그대로 바라보면서 동시에 그 속에서 발견할 수 있는 희망과 가능성에 눈을 돌릴 수 있다.

◆

불행을 끌어당기는
4가지 말의 프레임

◆

인생을 사랑하는 가장 좋은 방법은
많은 것을 사랑하는 것이다.

빈센트 반 고흐

수학이나 화학에서는 특정 결괏값이나 결과물을 나오게
하는 다양한 공식이 있다. 숫자 하나, 기호 하나에 따라 전
혀 다른 답이 나오기도 하고 전혀 다른 물질이 되기도 한다.

말에도 그런 공식이 존재한다. 생각의 특정한 공식에 따

라 긍정적인 말도 부정적인 말도 만들어 낼 수 있다. 이때 부정적인 말을 만들어 내는 공식을 심리학에서는 '비합리적 인지 전략Irrational cognitive strategy'이라고 부른다.

저자(김정호)는 책《생각 바꾸기》에서 비합리적 인지 전략을 크게 네 가지로 구분하고 있다. 이 공식들을 통해 상황이나 사건 그리고 자신을 바라볼 때 우리는 과도한 스트레스를 경험하게 된다.

첫 번째 공식은 '흑백논리'다. 흑백논리는 다른 말로 '이분법적 사고', '절대적 사고'라고 한다. 명칭에서 알 수 있듯 자신의 경험을 '흑 아니면 백', '모 아니면 도' 이렇게 둘 중 하나로만 평가하는 것이다. 성공 아니면 실패, 친구 아니면 적, 좋은 사람 아니면 나쁜 사람, 만점 아니면 빵점, 예쁜 사람 아니면 못생긴 사람 등 매사에 극단적으로 생각한다.

특히 완벽주의 성향이 있는 사람들이 흑백논리로 생각하는 경향이 높다. 10개 중 1개라도 실패했거나 틀렸거나 어긋났다면 잘한 9개는 보지 않고 잘못된 1개로 '망했다', '실패했다', '끝장이다'라고 결론을 내린다.

그런데, 인생의 결과가 '성공' 아니면 '실패' 둘 중 하나만 있다고 생각하면서 평생을 산다고 생각해 보라. 결과에 따라 생과 사가 결정될 때 즐겁게 할 수 있는 게임도 얼마나 살 떨릴 수 있는지를 보여 준 드라마 〈오징어 게임〉처럼, 자신의 시도가 성공이나 실패로만 규정된다면 매일 매 순간이 얼마나 살얼음 위를 걷는 것 같을까.

따라서, 흑백논리의 공식을 적용하면서 살 경우, 어떤 일을 시도할 때마다 극도의 긴장과 예민함을 보이기 쉽다. 그렇기에 새로운 일을 시도하기 어렵다. 완벽하게 잘하지 못할 거면 아예 시작조차 하지 않으려고 들기 때문이다.

또한, 흑백논리를 자기 자신에게 적용하는 사람은 타인에게도 같은 공식을 적용하여 평가한다. 상대가 자신에게 호의적이지 않다고 판단되면 나쁜 사람으로 규정해버리고 그렇게 대한다. 대인관계에서 상당한 스트레스를 받게 될 수밖에 없다.

어떤 경험이든 어떤 사람이든 둘 중 하나로만 판단해서는 안 된다. 이 세상에는 검은색과 흰색뿐만 아니라 다양한 색상이 존재하며, 검은색과 흰색 사이에도 다양한 농도의 헤아릴 수 없이 많은 회색이 존재하기 때문이다.

두 번째 공식은 '과일반화'다. 일반화란 자신의 경험을 통해 알게 된 결과를 그와 비슷한 상황에 적용하는 것으로 학습에 중요한 인지 전략이다.

예를 들어, 몰티즈, 푸들, 레트리버 등 많은 견종이 있지만, 하나하나 다른 개체로 인식하지 않고 전체를 '개'라고 생각할 수 있는 것도 일반화의 능력이다.

그에 반해 과일반화는 충분한 증거와 논리가 부족함에도 특정한 경험 혹은 일부의 지식을 가지고 자신이나 타인, 그리고 세상 전체를 평가하는 것이다. 예를 들어, '좋아해서 고백했는데 거절당했어. 나는 앞으로 평생 연애도 못 하고 혼자 늙어 죽을 거야', '이번에도 실패했어. 나는 왜 항상 운이 지지리도 없는 걸까? 나는 재수가 없는 애인가 봐'와 같이 생각하는 경우는 자신을 과일반화하는 것이다. 주로 자신이 저지른 실수나 실패를 근거로 자신의 전체를 부정적으로 평가한다.

'그 사람 첫인상이 별로였어. 나랑 맞지 않을 거야', '늘 지각하는 걸 보니 저 친구는 인성이 글렀군'처럼 생각하는 경우는 타인을 과일반화하는 경우다. 이렇게 부정적으로 상대방을 과일반화하여 보게 되면 대인관계에서 큰 스트레스를 받게 된다.

자신과 타인 그리고 세상을 부정적으로 과일반화하여 생각할 경우 삶에 대해 비관적인 시각을 가질 수밖에 없다. 선택의 폭이 좁아지고, 대인관계에서도 어려움을 겪을 수밖에 없으며, 혐오와 차별로 이어진다. 인종 차별, 성차별, 학벌이나 지역에 대한 선입견 모두가 과일반화의 사례다.

과일반화가 더 크게 문제 되는 것은 '자기충족예언 self-fulfilling prophecy'으로 연결되기 때문이다. 자기충족예언이란 자신의 기대와 믿음대로 자신이나 상대방을 그렇게 만들 수 있음을 말한다.

예를 들어, 상대방을 예의 없는 사람이라 낙인찍게 되면 나의 표정이나 말투, 상대방을 대하는 태도 등에서 적의가 드러난다. 그러면 상대방도 내가 자신을 싫어한다는 것을 느끼고 방어적으로 행동할 확률이 높아진다. 이러한 상황이 되풀이되면 상대방이 예의 없는 사람이라는 인식은 더욱 강화되고 관계는 파국으로 치닫게 된다.

그런데 만약 그 사람에 대한 내 생각이 오해에서 비롯된 것이었고, 실제로는 과묵하지만 선하고 배려심 많은 사람이었다면? 비합리적인 생각 때문에 인생에서 만날 수 있는 소중한 인연을 놓친 셈이다.

세 번째 공식은 '확대-축소'의 경향이다. 확대-축소는 상대방이나 상황의 어느 한 측면만을 과도하게 확대하거나 축소해서, 해석하고 평가하는 것을 말한다.

우리는 어떨 때는 희망으로 가득 찼다가 또 어떨 때는 절망에 깊이 빠진다. 같은 상황인데도 무엇을 확대하고 축소하느냐에 따라 경험하는 정서가 완전히 달라지는 것이다. 주로 부정적 경험을 확대하고 긍정적 경험을 축소할 때 우

말의 알고리즘

리는 스트레스를 받는다.

강의를 맡아서 처음 강단에 서던 날, 저자(고은미)는 설레기도 했지만 긴장도 많이 되었다. 준비를 많이 하고 선 강단이었지만 말도 꼬였고, 긴장한 탓에 시야도 좁아졌다. 진지하게 집중해서 잘 듣고 있는 학생들도 있었고, 재미없는 농담에도 낄낄거리며 웃는 학생들도 있었으며, 짜증과 불만이 가득 찬 얼굴로 나를 보는 학생들도 몇몇 눈에 띄었다.

다양한 학생들이 있었으나 그 순간 내 눈에는 부정적 피드백을 온몸으로 내뿜고 있는 학생만 보였다. 그 학생의 몸짓 하나, 표정 하나에 내 마음도 덩달아 출렁거렸다. 호의적인 학생들의 모습은 축소하고 비호의적인 학생들의 모습만 확대한 것이다.

수업이 끝난 후에도 이러한 사고방식은 '내 강의 실력이 형편없구나' 하는 과일반화와 '오늘 수업은 망쳤다'는 흑백논리의 사고로 이어져 한동안 스트레스를 불러왔다.

경험이 쌓인 이후에는 강의를 집중해서 듣는 학생들에게

초점을 두고 수업을 진행하려 노력한다. 그럴 때 강의하는 나도, 강의를 듣는 학생도 만족도가 더 높았다.

5명이 모이면 그중 2명은 이유 없이 나를 좋아하고, 그중 1명은 이유 없이 나를 미워하고, 나머지 2명은 아무 관심도 없다고 한다. 모든 사람을 만족시킬 수는 없다. 모두가 나를 좋아하게 만들 수도 없다.

우리가 관심을 갖고 노력해야 하는 사람은 이유 없이 나를 좋아해 주는 사람이 가장 먼저고 그다음은 나를 좋아하지도 싫어하지도 않는 사람이다.

무엇을 확대하고 무엇을 축소할 것인지에 따라 우리는 숨은 불행 찾기의 달인이 될 수도 있고, 숨은 행복 찾기의 달인이 될 수도 있다.

네 번째 공식은 '독심술 사고'다. 한국어 사전에서는 독심술을 '상대방이 속으로 생각하는 바를 알아내는 술법'이라고 설명한다. 주로 상대방의 표정이나 행동을 근거로 해서 상대방의 마음을 추론하는 것을 말한다.

문제는, 그 추론의 대부분이 부정적이라는 데 있다. 추론에는 현재 나의 상황이나 심리 상태가 투사되는 경우가 많고, 심할 경우 피해의식이나 피해망상이 투사되기도 하기 때문이다. 그래서 상대의 마음을 자기 마음대로 해석하며 끊임없이 괴로워하고 스트레스를 받는다.

이미 상대방이 그렇게 생각하고 있다고 확신을 함으로써 그에 상응하는 행동과 태도를 보이게 되고, 상대방 또한 그 행동과 태도를 보고 반응을 보이게 되어 독심술 사고가 더 강화되는 악순환을 만들기도 한다.

물론 적절한 독심술 사고일 경우, 긍정적인 방향으로 작용할 수 있다. 예를 들면, 사회생활에서 상대방의 의중을 파악하고 재빠르게 상황 판단을 하여 대처하는 경우다. 하지만 과도한 독심술 사고는 늘 상대방의 의중과 반응에 과할 정도로 집중하게 만들어 긴장과 스트레스를 유발한다. 다음은 과도한 독심술 사고의 대표적인 예다.

'왜 나를 쳐다보지. 오늘 내가 한 화장이 안 어울리나? 아니면 옷이 이상한가?'

'내가 말할 때 그 사람 표정이 별로 안 좋았어. 나를 무시하는 게 틀림없어.'

'자기들끼리 이야기하다가 내가 들어오니 말을 멈추네. 내 흉을 본 게 분명해.'

'이제는 헤어지고 싶어서 별것 아닌 일에 일부러 화를 내는 게 분명해.'

'부장님께 인사드렸는데 못 본 체하고 지나갔어. 저번에 그 일로 나한테 삐지셨군.'

그러나 우리는 신이 아닌 이상 하나의 상황만으로 상대의 마음을 정확히 알 수 없다. 내 마음도 잘 모르는데 하물며 남의 속을 어떻게 알 수 있겠는가. 미루어 짐작할 뿐이고 많은 경우 착각일 확률이 높다.

어떤 조건이나 상황이더라도 불행을 만들어 내는 공식에 넣으면 불행해질 수밖에 없다.

말의 알고리즘

자신이 지금 부정적인 말을 하고 있고, 그로 인해 불행한 인생을 만들고 있다면, 내가 하고 있는 생각이 위에서 말한 비합리적 인지 전략에 해당되지 않는지 살펴보자.

◆

부정을 뒤집으면
긍정이 된다

◆

생각하지 않고 살아가는 사람은
살아가는 대로 생각하게 된다.

조엘 오스틴

　대부분의 사람들은 비합리적 인지전략을 부정적인 방향으로 사용하기에 불행을 경험한다. 그러나 비합리적 인지전략을 긍정적인 방향으로 사용하면 불행의 공식을 행복의 공식으로 바꿀 수 있다.

　　　　　　　　　　　　　　　　　　말의 알고리즘

둘 중 하나로만 생각하는 '흑백논리'가 불행을 불러오는 이유는 자꾸 부정적인 것에 초점을 맞추기 때문이다. 하나라도 실수하면 '실패'로, 약간만 서운하게 하면 '적'으로 생각해서 불행을 경험한다. 하지만 그 반대로 생각하면 전혀 다른 정서를 경험할 수 있다.

예를 들면, '성공하지 못했으니 난 실패한 거야' 대신 '완전히 망친 건 아니니 그만하면 성공한 거지'라고 생각하거나, '쟤는 내 편이 아니니까 적이야' 대신 '쟤는 적어도 적은 아니니까 내 편인 거야', '나는 예쁘지 않았으니 못생긴 거야' 대신 '나는 못생긴 편은 아니야. 그러니 예쁘다고 볼 수 있지' 하고 말이다.

특정 경험이나 일부의 지식에서 얻은 결론을 가지고 전체에 적용하는 사고방식인 '과일반화'의 경우, 부정적 단서를 전체적으로 확대하여 적용할 때 쉽게 불행해진다.

반대로 긍정적 단서를 전체에 확대하여 적용할 경우 자기존중감, 우월감, 만족, 사랑, 자비감을 경험하기 쉽고, 자기충족적 예언의 선순환을 통해 긍정적 감정이 증폭될 수 있다.

예를 들어, 자신에 대한 긍정적인 과일반화의 경우는 상대방이 자신에게 잘한 점을 칭찬하면 스스로를 유능하다고 생각한다거나, 자신에게 호감을 표시하면 스스로가 매력적이라고 생각하는 것이다. 세상에 대한 긍정적인 과일반화의 경우는 엘리베이터를 탈 때까지 문을 잡아주는 이웃을 보고 세상이 살기 좋은 곳이라고 생각한다거나, 기다리지 않고 버스를 바로 타면 그날은 운이 좋은 날이라고 생각하는 것이다. 이는 너무 지나치지만 않으면 긍정적인 작용을 한다.

'확대-축소의 경향'의 경우, 부정적인 부분을 확대하고 긍정적인 부분을 축소할수록 불행을 경험하기 쉬워진다. 반대로 긍정적인 부분을 확대하고 부정적인 부분을 축소할 경우 행복을 경험하기 쉽다. 예를 들면, 자신이나 타인의 단점은 축소하고 장점은 확대해서 본다거나, 친구에게 서운한 것은 축소하고, 자신에게 잘해 준 것을 확대해서 보는 것이다.

'독심술 사고'의 경우 상대방의 마음을 부정적으로 예측할 때는 불행을 경험하지만, 반대로 긍정적으로 해석하면 행복을 경험한다. 예를 들면, 만약 상대방이 인사를 안 받고 지나갈 때 괘씸하다고 생각하는 대신 '무슨 고민이 있겠지', '나를 못 봤겠지' 등 이유가 있어서 그랬겠다고 생각하는 것이다. 누가 자신을 쳐다보면 불쾌하다고 생각하는 대신, '오늘 내 스타일이 괜찮나 보네', '내가 매고 있는 가방에 관심이 있나?' 하고 생각하는 것이다.

평소에 하는 생각과 말 습관이 어떤 비합리적 인지전략에 해당하는지를 찾아본 후 그것이 부정적이라면 뒤집어서 생각해 보자. 이 작업은 부정적인 생각의 뿌리를 알 수 있게 해 주고 다르게 생각하는 힘을 키워 준다. 비합리적 인지전략의 방향을 다르게 사용하면 불행으로 기울어진 키를 행복으로 기울도록 만들 수 있다.

마음속 '인내의 창'을
넓히는 방법

◆

인내는 모든 고통에 대한
최선의 치료약이다.

티투스 마키우스 플라우투스

할아버지가 손자를 데리고 슈퍼마켓에서 장을 보고 있었다. 할아버지가 장을 보는 동안 손자는 자신이 원하는 것을 사달라며 칭얼대다가 비명을 지르고 급기야 바닥에 누워 떼를 썼다.

그럴 때마다 할아버지는 차분한 목소리로 말하며 평정심을 유지했다.

"진정해, 윌리엄, 그리 오래 걸리지 않을 거야."

"윌리엄, 잠깐만 기다려, 몇 분만 있으면 이제 갈 거니까 힘내자."

심통이 극에 달한 손자는 카트 밖으로 물건을 던지며 소리를 질러댔다. 그러자 할아버지는 "윌리엄, 진정해, 화내지마, 5분만 있으면 집에 갈 거야. 멋지게 기다리자 윌리엄" 하며 차분하게 달랬다.

이 모습을 감명 깊게 바라보던 마트 직원은 그에게 다가가 이런 멋진 할아버지를 둔 윌리엄은 정말 행운아라며 존경을 표시했다.

할아버지는 그의 칭찬에 고맙다고 하면서 이렇게 말했다.

"그런데, 윌리엄은 나예요. 내 손자 이름은 케빈이라오."

우리는 일상에서 크고 작은 불편한 상황을 늘 마주한다. 하지만 같은 상황이라도 그것을 견디는 능력은 사람마다 다르다. 그 이유를 심리학에서는, 각자가 가지고 있는 '인내의 창window of tolerance'의 크기가 모두 다르기 때문이라고 설명한다. 즉, 마음 안에 있는 인내의 창이 넓고 크면 웬만한 자극들을 잘 견디고 포용할 수 있지만, 창문이 좁으면 사소한 불편함도 견디지 못한다는 것이다.

인내의 창의 크기는 태어날 때 어느 정도는 기질적으로 타고난다고 한다. 유난히 짜증이 많은 아이와 무덤덤한 아이가 있듯이 말이다. 그런데, 이 창의 크기는 고정되지 않았다. 더 좁아질 수도 있고 더 넓어질 수도 있다고 한다. 윌리엄 할아버지는 이를 활용했다. 그는 친절하고 다정한 말로 스스로를 달래며 화난 마음을 진정시킴으로써 자기 마음속 인내의 창을 넓혔다. 인내의 창이 넓어지면서 부정적 감정에 휩쓸리지 않고 그 감정과 거리를 둠으로써 평정심을 유지할 수 있었다.

만일 그렇게 하지 않고, 손자의 짜증에 짜증으로 대응했다면 어땠을까? 윌리엄 할아버지의 인내의 창은 마트에 들

말의 알고리즘

어서기 전보다 더 좁아졌을 거다. 평정심을 도저히 유지할
수 없었을 것이다.

우리 모두의 마음속에도 창문이 하나씩 있다. 잠시 마음
의 눈으로 자기 마음속 창문의 크기를 살펴보자. 창문이 큰
편인가 작은 편인가? 크다면 다행이다. 하지만 작다고 해서
풀이 죽을 것도 없다. 인내의 창을 키우면 되기 때문이다.

창문을 키우기에 앞서 먼저 알아야 할 것이 있다. 바로 '어
떨 때 유독 창문의 크기가 줄어드는지'다. 그걸 알아야 창문
이 줄어드는 걸 막을 수 있다. 이때, 창문의 크기가 줄어들
고 있음을 혹은 줄어들었음을 알 수 있는 4가지 중요한 징
표가 있다. 바로 배고픔Hungry, 화Anger, 외로움Lonely, 피
로Tired의 상태로, 영어의 앞글자를 따서 'HALT(멈춤)'라고
한다.

보통 우리는 이 네 가지 상태일 때 인내심의 바닥을 보인
다. 인내심이 바닥을 보인다는 것은, 인내의 창이 좁아지고
있다는 강력한 신호인 셈이다.

따라서 이유 없이 짜증이 나거나 부정적인 생각이 들면 일단은 네 가지 중 하나에 속하는 건 아닌지 확인해 보자. 그 상태일 때는 어떤 결정도, 어떤 말도, 어떤 행동도 섣부르게 하지 말고 일단은 멈춰야 한다. 그렇게 인내의 창이 더 이상 작아지지 않도록 한 다음, 조금씩 창문의 크기를 키워 간다. 배가 고프면 음식을 먹고, 피곤하면 잠시 쉬어준다. 화가 나거나, 외롭다면 다음의 말이 도움이 될 수 있다. 바로 '때문에' 대신 '덕분에'라는 말을 사용해 보는 것이다.

'화'라는 감정은 상태나 상황을 탓할 때 더 강해진다. 마음속에서 '너 때문에', '그 일 때문에'라는 말이 떠다니면 일단은 그 말을 '너 덕분에', '그 일 덕분에'로 바꿔 말해 본다. 그러면 신기하게도 화가 가라앉는다. 더불어 감사한 마음이 생기면서 외로웠던 마음도 충만해진다. 그렇게 인내의 창이 커지게 된다. 인내의 창이 커지면 쉽사리 부화뇌동하지 않고 평정심을 발휘할 수 있다. 긍적적인 생각과 긍정적인 말이 나오면서, 자연스레 긍정적인 인상이 만들어진다.

아무리 작은 인내의 창을 갖고 태어났더라도, 이를 키울지 말지는 나의 선택에 달려 있다. 어떤 상황이 일어날지라도 보다 긍정적으로 반응하고 대처하는 게 모든 면에서 더 좋다. 자신의 행복, 나아가 주변 사람의 행복을 위해서라도 인내의 창을 키우는 연습을 해 보길 권한다.

제3장

부와 풍요를 끌어당기는 말의 알고리즘

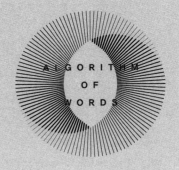

ALGORITHMS
OF
WORDS

습관적인 '아니오'는
성장을 멈추게 한다

생각을 먼저 지배하는 것은 나 자신이지만,
그다음에는 생각이 나를 지배한다.

브라이언 트레이시

어떤 일을 새로 시작하거나 제안받았을 때 습관적으로 '아니, 나는 못 해', '해낼 자신이 없어', '그 일을 시작하기엔 너무 늦었어'라고 말하는 사람들이 있다. 이렇게 말하는 사람들은 그 일을 어떻게 할 수 있을지, 어떻게 해야 해낼 수 있을지 생각하기보단 못하는 이유를 더 많이 생각한다. 어떻게 할 수 있을지에 대한 '해결'의 방향이 아니라, 무엇 때문에 할 수 없을 것이라는 '한계'에 초점을 맞추는 것이다.

어떤 일을 '해낼 가능성' 혹은 '해낼 수 없는 가능성' 이 둘 중 어디에 초점을 맞추느냐에 따라 결과는 달라진다. 말 그대로, 가능성에 초점을 두면 가능해지고 불가능성에 초점을 두면 불가능해진다. 가능성에 주의를 두면 가능성과 관련된 아이디어와 해결책이 보이지만, 불가능성에 주의를 두면 그 일을 해낼 수 없는 수많은 제약만 눈에 들어오기 때문이다.

우리가 가능성보다 불가능성에 더 쉽게 주의를 집중하는 이유는 크게 두 가지다. 실패가 두렵거나, 도전하는 것보다 안주하는 게 더 편하기 때문이다. 그래서 환경을 탓하고, 능력을 탓하며, 나이를 탓한다.

항상 핑계만 대는 사람들에게 들려주고 싶은 이야기가 있다. SF영화를 촬영해 넷플릭스에 진출하게 된 나이지리아 10대들의 이야기다. 그들은 각종 최첨단 촬영 장비가 필요

말의 알고리즘

한 SF영화를 달랑 스마트 폰 하나로 촬영하여 큰 성공을 이뤘다. 도대체 어떻게 이런 일이 가능했을까? 그들이 자신들보다 어린 창작자들에게 해 주는 조언에서 그 비밀을 찾을 수 있다.

"지금 가진 것만으로는 할 수 없다고 생각하면 나중에 더 많은 것을 가진다고 하더라도 못 하게 돼요. 그러니 현재 위치에서 자신이 가진 걸로 시작해 보세요. 그렇게 하다 보면 결국 자신이 원하는 목표에 닿을 수 있을 겁니다."

이 조언은 "무언가를 배우기에는 혹은 시작하기에는 너무 늦었다"라는 말에도 적용된다. 나이와 관계없이 많은 사람들이 이 말을 습관적으로 정말 자주 한다. 하지만 이렇게 말하는 건 '하기 싫다'는 변명에 지나지 않는다. 다음과 같은 사례들이 바로 그 증거다.

미국의 국민화가로 불리는 모지스는 75세부터 그림을 그리기 시작해서 101세로 세상을 떠날 때까지 1,600여 점의 작품을 남겼다. 한국에서도 인기 있었던 드라마 시리즈의 원작인 《초원의 집》의 작가 로라 잉걸스 와일더는 이 책을

65세에 썼으며 이는 그녀가 쓴 첫 작품이었다. 일본의 시바타 도요 할머니는 본인의 장례비를 헐어 98세에 시집 《약해지지 마》를 출판하여 150만 부를 판매한 베스트셀러 작가가 되었으며, 한국의 김두엽 할머니는 83세에 그림을 처음 배워 94세에 전시회도 열고 책도 썼다.

그러니 이제는 너무 늦어서 못한다는 말은 하지 말자. 무언가에 도전해도 시간은 가고, 아무것도 하지 않아도 시간은 간다. 다만 결과에 차이가 있을 뿐이다.

책 《마인드 셋》의 저자, 캐럴 드웩Carol S. dweck 교수의 '자기이론'에 따르면 '무엇을 믿는가'에 따라 '무엇을 성취하는지'가 달라진다. 가능성을 믿느냐 아니면 불가능성을 믿느냐에 따라 성취할 수 있는 결과물이 달라진다는 말이다. 삶에 '예스'라고 응답할지, '노'라고 응답할지는 전적으로 자신에게 달렸다. 그 결과의 책임 또한 마땅히 자신의 몫이다. 인류의 발전은 가능성과 해결의 방향에 집중했던 사람들에 의해 이루어진 결과다. 개인의 발전도 마찬가지다. 성장하

말의 알고리즘

고 발전하고 싶다면 불가능과 한계가 아닌 가능성과 해결의 방향에 집중해야 한다.

자신의 가능성을 믿기 위해 가장 먼저 해야 하는 것은 바로 한계에 초점을 두는 언어시스템을 가능성과 희망에 초점을 두는 언어시스템으로 바꾸는 것이다. 평소 쓰는 말이 원하는 목표에 다가가도록 도와주는 말인지 멀어지게 하는 말인지를 먼저 점검해 보자. 혹시 '못 하겠다', '할 수 없다', '부족하다', '어렵다'는 핑계의 말을 습관적으로 하고 있다면, '어떻게 할 수 있을까?', '어떤 방법이 있을까?' 하는 가능성의 말로 언어시스템을 바꾸어 보자. 내가 하는 말 하나하나가 쌓여 나만의 언어시스템을 만든다. 그리고 그 언어시스템은 내 인생의 항로를 바꾼다.

◆

부와 성공은
원하는 사람에게만 온다

◆

삶은 부메랑이다.
우리의 생각, 말, 행동은 언젠가 틀림없이 되돌아온다.
그리고 정확하게 우리 자신을 그대로 명중시킨다.

플로랑스 스코벨 쉰

〈개구리와 다이아몬드〉라는 동화가 있다. 마음씨가 착한
동생의 입에서는 말할 때마다 보석과 장미가 나오고, 마음
씨가 나쁜 언니의 입에서는 말할 때마다 개구리와 뱀이 나
온다는 내용이다. 말할 때마다 보석과 장미가 쏟아지는 동

말의 알고리즘

생에게는 사람들이 모여들지만, 말할 때마다 개구리와 뱀이 쏟아지는 언니 곁에는 아무도 없다.

우리 주변에도 말할 때마다 칭찬, 감사와 같은 아름다운 말이 흘러나와서 함께하고 싶은 사람이 있는 반면, 말할 때마다 비난, 험담, 불평불만의 말이 쏟아져 함께 있는 것이 곤욕인 사람이 있다. 여러분은 어디에 속하는가? 내 입에서 나오는 말이 보석과 장미는 아닐지라도 개구리와 뱀은 절대 아니라고 확신할 수 있는가?

고백하건데 저자(고은미)도 그렇게 생각했었다. 그러나, 우리가 쓰는 말에는 비난, 험담, 욕처럼 정체가 확실한 부정어는 아니지만, 부정어의 역할을 하는 말들이 있다. 이런 말들을 습관적으로 사용하고 있다면 그 역시 부정적인 말을 사용하는 것과 같다.

첫 번째는 '부정어로 표현한 말'이다. 자신이 원하는 것이나 좋아하는 것을 넣어 말하는 대신 원하지 않는 것이나 싫어하는 것을 넣어 말하는 것이다. "나는 건강하고 싶어"라고 말하는 대신 "나는 아픈 것은 딱 질색이야"라고 말하거나, "나는 바나나를 좋아해"라고 말하는 대신 "나는 파인애플이 정말 싫어"라고 말하는 것이다.

그러나, 원하지 않는 것, 싫어하는 것을 위주로 말하다 보면 그 말이 머릿속에 남아 생각, 감정, 행동에 영향을 끼친다. 그 말과 관련된 방향으로 주의가 집중되기 때문이다. 따라서, 부정어로 표현하기보다 자신이 원하고 바라는 것을 말로 표현하는 언어 습관을 들이는 것이 좋다. 알리바바의 창업자 마윈의 사례가 대표적인 예다. 그는 부정의 표현을 할 때조차 부정의 단어를 사용하지 않았다. 예를 들어, 자신이 불행하다고 느낄 때도 그는 "나는 불행하다"고 말하지 않았다. 그 말에는 '불행'이라는 단어가 들어 있었기 때문이다. 대신 그는 '편안'이라는 긍정의 단어를 사용하여 "나는 편안하지 않아"라고 말하곤 했다.

두 번째는 '대립의 접속사'다. 평소에 자주 사용하는 '그러나', '하지만', '그런데'가 여기에 해당된다. 부정어는 아니지

말의 알고리즘

만 이러한 접속사가 사용될 때는 앞의 내용과 반대되는 내용
이 오기에 긴장을 가져오고, 이는 다툼으로 이어지기 쉽다.
대부분 앞의 말은 부정당하고 뒤에 오는 말은 사실로 인식
되는 탓이다. 예를 들어, 다음과 같은 문장을 떠올려 보자.

"나는 너를 사랑해. 하지만 너는 너무 게을러."

"나도 그 일을 하고 싶어. 그런데 나는 시간이 부족해"

이런 표현은 듣는 상대방의 마음뿐만 아니라 스스로의 마
음의 문도 닫아걸게 만든다.

이때 경직된 마음을 유연하게 만들어 주는 접속사가 있
다. 바로 양립의 접속사 '그리고'다. '그러나', '하지만', '그런
데' 대신 '그리고'를 사용하면 두 문장이 서로 충돌하지 않으
면서 양쪽의 마음이 모두 포용된다.

"나는 너를 사랑해, 그리고 너는 너무 게을러"

"나도 그 일을 하고 싶어. 그리고 나는 시간이 부족해"

이렇게 중간의 접속사만 바꿔서 말해도 저항하는 마음이
사라지고 마음이 열린다. 더불어 문제를 바라보는 시선에서
새로운 해결 가능성으로 시선을 돌리게 해 준다.

세 번째는 '단어의 표현 방향'이 부정적인 말이다. 같은 의미라고 해도 어떤 단어를 선택해서 사용하느냐에 따라 '중립어', '긍정어', '부정어'로 나뉘어질 수 있다. 예를 들어, '주도적'이라는 표현을 생각해 보자. 이 단어는 객관적인 표현으로 중립어라고 할 수 있다. 그런데, 이 말을 부정어로 표현하면 '잘난 체하는'으로 표현할 수 있다. 긍정어로 표현하면 '리더십이 있는'으로 표현할 수 있다.

같은 의미라도 어떻게 표현하느냐에 따라 긍정적일 수도 있고 부정적일 수도 있다. 그러니 같은 의미라면 되도록 긍정어로 표현한 단어를 사용하자. 그것이 어렵다면 적어도 중립적인 단어를 사용할 수 있도록 신경을 써보자.

누가 들어도 명확한 부정적인 말이야 스스로도 자각하기 쉽고, 상대방의 피드백으로도 알아차릴 수 있다. 하지만, 위와 같이 겉으로는 부정적이지 않지만 의미 전달에 있어서 부정적으로 작용하는 말들이 있다. 이는 대부분 의식하지 않고 습관적으로 사용하는 말들이라 그 영향력은 막강하고

말의 알고리즘

생활 전반에 영향을 끼친다.

 그러니, 이를 염두에 두고 부정적인 의미가 담긴 말을 사용하는 빈도를 서서히 줄이면서 좋은 언어 습관을 만들도록 해 보자.

걱정하는 말은
현실이 된다

두려워 말고 알려고 하라.

호라티우스

우리는 일상에서 걱정되고 불안할 때 '두렵다'고 말한다. '사람들 앞에서 발표하기 두려워', '면접 볼 때 실수할까 봐 두려워' 등으로 말이다. 하지만 심리학에서는 '두려움(공포) fear'과 '불안anxiety'을 구분한다. 두려움(공포)이란 자신과

말의 알고리즘

주변 사람들의 생명이 실제 위협받고 있는 상황에서 발생하는 감정이다. 이는 현재 일어난 일에 대해 즉각적 반응을 유발하여 생명과 건강을 보호해 주는 적응적 반응이다. 예를 들어, 길을 가다 강도를 만나 신체적 위협을 당할 때 느끼는 감정이 두려움(공포)이다. 반면 불안이란 실제 상황에서가 아닌, 위협받을 수 있는 상황이 일어날 가능성을 떠올릴 때 일어나는 감정이다. 길을 가다 '강도를 만나면 어떡하지' 하는 걱정이 들 때 느끼는 감정이 불안이다.

두려움(공포)이 적응적 반응이듯, 불안 또한 적응적 반응이다. 건강에 대한 불안, 주거에 대한 불안, 실직에 대한 불안, 실패에 대한 불안 등 불확실한 미래에 다양한 불안을 느끼기에, 우리는 현실에 안주하기보단 앞으로 나아가기 위한 노력을 하게 되기 때문이다.

문제는 불안의 강도가 너무 커서 불안에 잡아먹혀 버릴 때다. 불안의 수위가 높아지면 해야 할 일에 집중하지 못하고 그 상황을 피하고자 여러 가지 회피전략을 사용한다. 하지만 이는 높을 확률로 부작용을 낳는다.

'걱정'도 그중 하나다. 걱정을 하면 적어도 뭔가를 하고 있다는 안도감이 생기기 때문에, 사람들은 걱정함으로써 불안한 상황을 회피하려고 한다. 하지만 걱정은 불안의 크기를 더 부풀린다. 걱정할수록 걱정이 줄어드는 것이 아니라 불안만 커지게 된다는 말이다. '지금 하는 일이 계획대로 되지 않으면 어떻게 하지', '실패하면 어떻게 하지' 하는 걱정이 심해져 두려움으로 번질 때 그 감정에 압도당하게 된다. 미래에 일어날지도 모르는 부정적인 시나리오를 끊임없이 생각하고 자신에게 말함으로써 마음속이 두려움, 불안으로 가득 차 두려워하는 나, 불안한 나가 되어 그 눈으로 스스로를, 주변 상황을 그리고 자신의 미래를 바라보게 된다.

그럴 때 '선택적 주의'가 발동된다. 선택적 주의란, 무언가에 관심을 갖고 주의를 두면 유독 눈에 더 잘 띄게 되는 현상을 말한다. 평소와 같은 조건의 상황이나 환경이더라도 사고 싶은 물건이 생기면 자꾸만 그 물건이 눈에 띄는 것처

말의 알고리즘

럼, 불안에 가득 찬 눈에는 그와 관련된 주변 단서들이 더 자주 눈에 띄고 그로 인해 불안이 증폭된다. 게다가 '기분 일치성 효과'로 인해 기분과 일치되는 기억이 잘 떠오르게 된다. 불안해지면 불안과 관련된 기억이 더 잘 떠오르게 되고 이로 인해 더 불안해지는 악순환에 빠지는 것이다.

이와 관련된 사례가 있다. 걱정이 유독 많은 학생이 있었다. 그 학생은 중요한 기말고사를 앞두고 '이번 시험을 망치면 어떡하지'라는 걱정에 휩싸였다고 한다.

처음에는 단순히 '이번 시험은 중요하니까 망치면 안 돼. 시험을 잘 봐야 해'라는 생각이었다. 그런데 시험 날짜는 점점 가까워지는데 공부해야 할 과목은 줄어들지 않았다. 불안해진 그는 과도한 걱정을 하기 시작했다. '시험을 망치면 어떡하지!'라는 걱정은 '시험을 망치면 졸업을 못 할 거고, 졸업을 못 하면 취업을 못 할 거고, 취업을 못 하면 낙오자가 될 거고, 결혼도 못 하고, 돈도 못 벌고….' 등의 부정적인 시나리오로 빠졌다. 그렇게 시험 기간 내내 책상에 앉아 최악의 상황만 머릿속에 그렸다.

결과는 어떻게 됐을까? 시험공부를 하는 데 써야 할 시간과 집중력을 자신에게 일어날 수 있는 최악의 상황을 상상하는데 다 써버려 정작 공부를 할 수 없었다. 결국, 부정적으로 예측한 그대로 기말고사 시험을 망치고 말았다.

한번은 다음 같은 일도 있었다고 한다. 많은 사람 앞에서 발표하게 되어 너무 떨리고 긴장이 되었단다. 그래서 속으로 '이 멍청아, 왜 이렇게 떠는 거야. 떨면 끝장이야', '절대 내가 긴장하고 떠는 모습을 남들에게 들켜서는 안 돼. 그건 내가 무능하다는 걸 들키는 거라고', '이렇게 떨리는 것을 보니 오늘 발표는 망했다' 등과 같은 말을 자신에게 했다고 한다. 결과는 자신에게 했던 말 그대로였다.

불안을 피하기 위한 전략으로 걱정을 사용했지만, 되려 나쁜 결과를 맞이한 경우들이다. 나쁜 상황에 초점을 맞추니, 불안이 커지고, 그로 인해 정말 나쁜 상황이 일어나고 말았다.

마음의 법칙으로 인해, 두려워하는 일은 결국 현실이 된다. 그렇기에 두려울 때는 자신에게 일어나면 안 되는 일에 초점을 맞추지 말아야 한다. 오히려 자신에게 일어나길 바라는 일에 초점을 맞추어, 선택적 주의를 긍정적인 방향으로 써야 한다. 그런 다음, 지금 당장 할 수 있는 일에 최선을 다해 집중하는 것이 좋다. 이렇게 할 때 우리가 원하는 미래에 더 가까워질 수 있다.

당신은 지금 있는 그대로 충분하다

만족을 모르는 사람은 부유하더라도 가난하고,
만족을 아는 사람은 가난하더라도 부유하다.

붓다

김영민 교수는 책《아침에는 죽음을 생각하는 것이 좋다》에서 '우리는 없는 것을 바라고 있는 것을 무시한다'고 말한다. 없을 때는 그렇게 갖고 싶어 하다가 막상 손에 들어오면 언제 그랬냐는 듯 또 다른 새로운 것에 눈독을 들이는 불만족의 무한루프에 빠져있다는 것이다.

현대사회는 만족을 모르는 사회 같다. 자신이 가진 것에 만족할 줄 모르고, 자신에게도 만족할 줄 모르고, 늘 남과 비교하고, 더 앞서가야 하고, 더 많이 가져야 한다는 최면에 빠져있다. 이런 상태에서는 평생 가도 행복해지기 어렵다. 도대체 어떻게 해야 행복해질 수 있을까?

노벨 경제학상 수상자인 폴 새뮤얼슨Paul Samuelson이 행복 공식을 만들었다. 이 공식은 다음과 같다. '행복이란, 소유를 욕구로 나눈 값이다.' 즉, 내가 가진 게 아무리 많더라도 가진 것보다 가지고 싶다는 욕구가 더 크면 절대 만족할 수가 없다는 말이다.

결국, 행복하기 위해서는 무언가를 바라는 욕구의 수준을 낮춰야 한다. 삶이 만족스럽지 않다면 혹시 자신의 욕구가 현실과 동떨어지게 과도하게 큰 건 아닌지 점검할 필요가 있다. 만약 그렇다면 높게 설정된 욕구 수준을 낮춰 보자. 그 또한 만족감을 끌어내는 훌륭한 방법이다.

소유를 늘려서가 아니라 욕구 수준을 낮춰 행복해진 사례가 있다. 측만증 진단을 받고 필라테스를 다니게 된 내담자의 얘기다.

필라테스 개인 레슨을 받다가 그룹 레슨으로 전환해서 여러 명이 함께 수업을 받게 되었단다. 자연스레 자신과 다른 수강생들을 비교하게 되었다고 한다. 모두 동작도 잘 따라 하고 날씬하고 예쁘고 자세도 멋진데 거울에 비친 자신은 너무나 볼품없어 보였단다. 남들은 저렇게 동작을 잘 따라 하는데 자신은 왜 못 따라 하는지 화가 나기도 하고 그들만큼 잘하려 하니 힘들고 짜증이 나고 스스로가 그렇게 초라하게 보일 수 없었다고 한다.

그때 문득, 자신이 과도한 욕심을 내고 있음을 알아차렸단다. 그리고 자신에게 이렇게 말해 줬다고 한다.

'따라 하는 것만으로도 잘하는 거야.'

'잘하지 않아도 괜찮아. 이렇게 시간을 내서 왔잖아. 그것만으로도 의미가 있어. 잘하려고 하지 말고, 한다는 것 자체에 의미를 두자.'

말의 알고리즘

그 순간 짜증나는 마음이 눈 녹듯이 사라졌다고 한다.

다른 사람과 비교해서 자신이 부족하다고 판단되면 지기 싫어서 과도하게 잘하려고 욕심내게 된다. 이는 자기 비난이나 자기혐오로 이어지기 쉽다. 이 내담자는 자신이, 다른 사람과 자신을 비교하며 더 잘하지 못하는 자신을 채찍질하고 있음을 알아차리고 자기 비난을 멈췄다. 그리고 '잘하려고 하지 말고 한다는 것 자체에 의미를 두자'라는 말을 스스로에게 함으로써 과도한 욕구의 크기를 줄일 수 있었다.

더불어 이 말을 통해 타인에게 쏠려 있던 시선을 자신에게 돌릴 수 있었고, 그렇게 자신이 할 수 있는 능력의 범위 안에만 집중함으로써 타인과의 비교로 짜증 났던 마음이 뿌듯함과 만족감으로 바뀌게 됐다.

위의 예처럼 남과의 비교를 통해 욕구 수준이 과도하게 높아지는 경우도 있지만, 기본적으로 현대인들은 자신에 대한 기준이 매우 높다. 내적으로든 외적으로든 말이다. 이런 저런 성취를 해야 하고, 원하는 몸무게에 도달해야 하고, 외

모는 이래야 하고 저래야 하고…. 그러나, 자신에 대한 기준이 과도하게 높다 보면 늘 자신에게 불평불만을 가질 수밖에 없다. 이때 도움이 되는 말이 있다. 바로 '나는 지금 이대로 온전하다'라는 말이다.

현재 자신의 얼굴은 이번 생에서밖에 볼 수 없는 얼굴이라고 한다. 내 얼굴을 이번 삶이 아니면 다시는 볼 수 없다는 말은 남과 비교하지 말고 내 얼굴과의 인연을 소중하게 여겨야겠다는 마음을 일으킨다. 무엇이 되지 않아도, 날씬하지 않아도, 얼굴이 작지 않아도, 존재 자체로 우리는 충분하다. 완벽할 필요 없다. 이미 온전하니 그것으로 충분하다.

낙관주의자와 비관주의자는
다른 세상에 산다

세상에는 두 종류의 사람이 있다.
비관주의자와 낙관주의자,
그 둘은 완전히 다른 세계에 산다.

마틴 셀리그만

긍정심리학의 아버지라고 불리는 마틴 셀리그만Martin Seligman 교수는 부정적인 사건을 경험했을 때 사람들이 그일을 어떻게 설명하는지에 따라 '비관주의자'와 '낙관주의자'로 구분될 수 있다고 말한다.

그에 따르면 비관주의자는 자신에게 일어난 어려움 혹은 불쾌한 일을 '안정적'이고, '총체적'으로 보고, '내적 원인' 때문이라고 설명한다.

안정적이라는 의미는 그 일이 오래 지속될 것이며, 변하지 않을 거라고 여긴다는 말이다. 총체적이라는 의미는 그 일이 자신의 삶 전반에 걸쳐 영향을 미칠 거라고 보는 것이다. 내적 원인이라는 의미는 그 일이 일어난 이유가 환경이나 다른 사람 때문이 아닌 바로 자신에게 있다고 보는 것이다.

반대로 낙관주의자는 자신에게 발생한 부정적인 사건이 '불안정'하고, '제한적'이며, '외적 원인' 때문이라고 설명한다.

불안정적이라는 의미는 그 일이 일시적으로 일어나는 일이며 언제든 바뀔 수 있다고 보는 것이다. 제한적이라는 의미는 그 일이 자기 삶의 일부분에만 영향을 미칠 거라고 본다는 의미다. 외적 원인이라는 의미는 그 일이 일어난 이유가 자기 자신에게 있는 게 아니라 외부 환경이나 상황에 있

말의 알고리즘

다고 해석한다는 것이다.

다시 정리하자면, 비관주의자와 낙관주의자는 불쾌한 일을 경험할 때 서로 정반대로 해석한다. 비관주의자는 '이 일은 오래오래 지속될 거고, 절대 내가 바꿀 수 없어(안정적)', '이 나쁜 일은 내 인생에 절대적 영향을 미칠 거야(총체적)', '일이 이렇게 된 것은 모두 내가 무능해서야. 다 나 때문이야(내적 원인)'라고 해석하는 반면, 낙관주의자의 경우 불쾌한 일은 '이 일은 금방 지나갈 거야(불안정)', '이 일은 내 삶 전체에서 일어날 수 있는 극히 사소한 일일 뿐이야(제한적)', '그저 운이 나빴던 거야(외적 원인)'로 해석한다.

한편, 이들은 불쾌한 일이 아닌 좋은 일을 경험할 땐 반대로 설명한다. 비관주의자의 경우에는 '어쩌다 좋은 일이 생긴 것뿐이야(불안정)', '좋은 일이지만 그렇다고 내 삶이 달라지지는 않아(제한적)', '그저 운이 좋았던 거지(외적 원인)'로 해석하는 반면, 낙관주의자의 경우에는 '앞으로 이런 좋은 일이 자주 생길 거야(안정적)', '이 일이 내 삶 전체에 좋은 영향을 미칠 거야(총체적)', '언제든 내가 노력하면 얻을 수 있어(내적 원인)'로 해석한다.

이렇게 비관주의자와 낙관주의자는 같은 경험도 전혀 다르게 설명한다. 여러분은 주로 어떤 시선으로 자신에게 일어난 일을 설명하고 있는가? 과연 어떤 렌즈로 삶을 바라보는 것이 인생을 더 풍요롭게 하고 자신과 타인에게 도움이 될 수 있을까?

자신에게 일어난 부정적인 사건과 긍정적인 사건을 어떻게 설명하느냐에 따라 행복과 불행이 나눠진다. 자신에게 일어난 일의 원인을 어떻게 해석하느냐에 따라 비관주의자가 될 수도 있고, 낙관주의자가 될 수도 있는 것이다.

특히 긍정적인 사건보다 부정적인 사건을 어떻게 설명하느냐에 따라 불행과 행복의 방향이 더 극명하게 갈린다. 왜냐하면 우리는 부정적인 것에 더 쉽게 그리고 더 많이 영향을 받기 때문이다.

그러니, 평소에 비관주의자의 시선으로 삶을 바라보고 있었다면 이번 기회에 낙관주의자의 시선으로 삶을 바라보고 해석하는 연습을 해 보자.

◆

쓸데없이
자신을 낮추지 마라

◆

당신의 동의 없이는
누구도 당신에게 열등감을 느끼게 할 수 없다.

엘리너 루스벨트

친구 집에 갔더니 친구가 마시라며 커피를 내놓는다. 그러면서 말한다. "아주 비싼 원두라서 한 잔당 10만 원 정도하고 커피잔도 유명한 해외 브랜드의 100만 원짜리야."

다른 친구 집에 갔더니 믹스커피를 타서 종이컵에 준다.

아무런 말도 덧붙이지 않았다. 여러분이라면 이 두 경우에 커피를 마시는 태도가 어떨 것 같은가?

아주 비싼 것이라고 할 때 사람들은 커피잔을 자세히 들여다보고 귀하게 대한다. 그리고 조심해서 다루며 한 모금 한 모금 천천히 음미하며 마신다. 반면 종이컵의 커피를 마실 때는 컵에도 커피에도 관심이 없으며 단숨에 마신다. 심지어 그 속에 담배꽁초를 넣거나 쓰레기를 버리기도 한다. 비싼 물건은 그만큼의 대접을 받지만 값싼 물건은 함부로 취급받는 것이다.

관련된 예로 '깨진 유리창의 법칙Broken Window Theory'이 있다. 유리창이 깨진 차가 길가에 세워져 있으면 사람들이 지나가면서 망가뜨리기 쉽지만, 멀쩡한 차는 그대로 유지될 확률이 높다는 것이다. 마음의 유리창도 마찬가지다. 자신을 비하하고 함부로 대하며 보이지 않는 폭력으로 마음의 유리창을 스스로 깨뜨린다면, 다른 사람들도 내 유리창을 깨뜨릴 확률이 높아진다. 즉, 스스로를 함부로 대하면 다른 사람들도 나를 함부로 대하기가 쉬워진다는 것이다.

자신의 유리창을 깨뜨리는 행동 중에 우리가 잘 모르고 하는 의외의 행동이 있다. 바로 '지나친 겸손'이다.

자신을 낮추고 상대방을 존중하는 태도를 겸손이라고 한다. 이는 바람직하고 권장될 만하다. 하지만 지나친 겸손은 스스로를 깎아내리고 무시하는 태도이며 오히려 상대방을 불편하게 한다. 상대방의 칭찬에 "고맙습니다"라고 하면 될 것을, "운이 좋아서 그렇게 된 거예요" 혹은 "저 같은 게 뭐라고요", "그런데 전 끈기가 없어요"라며 자신을 헐뜯는다. 자신에 대해 이런 말을 자주 하는 사람은 다른 사람들에게 자신을 그렇게 대해도 괜찮다는 메시지를 주는 것과 다름없다. 그런 말을 자주 듣다 보면 상대방도 정말 그렇게 생각하게 되고, 결국 그렇게 대하게 된다.

자신을 낮추는 것은 상대방보다 자신이 부족하고 모자르다고 인정하는 것을 넘어, 스스로를 무시하고 하찮게 여기는 것이다. 게다가 이런 사람은 자신보다 더 낮은 사람이라고 생각되는 상대에게는 오히려 더 가혹하게 대하는 경향을 보인다. 자신에게도 타인에게도 나쁜 영향을 끼치는 것이다.

말의 알고리즘

내가 나를 대하는 태도는 자연스럽게 말과 행동으로 나온다. 그리고 그런 모습은 상대방에게도 영향을 미친다. 자신을 귀하게 대하고 존중하고 사랑하면 다른 사람도 나를 귀하게 대하고 존중하고 사랑해 줄 가능성이 커진다. 또한 자신에게 그러한 마음을 가진 사람은 상대방도 존중하고 배려하는 태도를 보인다.

배가 가라앉는 이유는 바깥의 물 때문이 아니라 배에 구멍이 나 있기 때문이다. 스스로를 비하하고 낮춤으로써 배에 구멍을 내는 행위를 멈추자. 이제는 자기 자신을 존중하고 귀하게 대함으로써 배의 구멍을 메꿔 보자.

◆

'문제'라는 단어를
'도전'으로 바꾸라.

◆

언제나 그대가
가장 두려워하는 것을 하라.

랠프 월도 에머슨

성악가 조수미는 무대에 오르기 전, 옆에서 보기에도 안쓰러울 정도로 부들부들 떤다. 하지만 무대 위에 서면 전혀 다른 사람이 되어 완벽하게 공연을 끝낸다. 어떻게 그게 가능할까?

말의 알고리즘

그녀는 몸을 떠는 행위를 불안으로 인한 '두려움' 때문이 아니라 공연에 대한 '설렘' 때문이라고 말한다. 사람들 앞에서 멋진 공연을 보여 줄 기대감으로 떤다는 것이다.

이렇게 떨림을 설렘으로, 긴장을 흥분으로 해석하는 태도를 심리학 용어로 '인지적 재해석' 또는 '인지적 재평가'라고 한다. 어떤 음악이 차에서 흘러나오느냐에 따라 차창 밖의 풍경이 다르게 보이듯, 같은 상황이지만 내가 어떻게 바라보느냐에 따라 전혀 다르게 받아들여지는 것이다.

마찬가지로, 자신에게 주어진 상황을 '문제'로 바라보느냐 '도전'으로 바라보느냐에 따라 자신에게 전달되는 메시지가 완전히 달라진다.

문제를 문제라고 생각해서 문제라는 말도 있듯이, 자신에게 주어진 조건을 문제로 받아들이게 되면 두려워지고 피하고 싶어진다. 그런 상태에서 어떤 일을 한다면 주로 '회피동기'로 하게 될 가능성이 크다.

회피동기는 '어떤 상태가 안 되는 것'이 목표다. 예를 들어 부모님이나 선생님에게 야단맞지 않기 위해 공부를 한다면, 이는 회피동기에 의한 행동이다. 문제가 되지 않게 하는 것, 그리고 '피하고 싶은 것'에 초점을 두고 행동하는 것이다.

반면 주어진 조건을 '도전'으로 받아들이면 원하는 목표와 가까워지기 위해 할 수 있는 일에 초점을 맞추게 된다. 이는 어떤 상태가 되는 것이 목표인 '접근동기'의 태도다. 예를 들어 공부하는 이유가 부모님에게 칭찬을 듣기 위해서거나 원하는 꿈을 이루기 위해서라면 접근동기에 의한 행동이다. 자신이 '바라는 것'에 초점을 맞추고 행동하는 경우다.

원하지 않는 상황을 피하기 위해 어떤 일을 하는 사람과 원하는 상황에 다가가기 위해 어떤 일을 하는 사람 중 어떤 사람이 더 스트레스를 받겠는가?

당연히 회피동기로 행동하는 사람이 접근동기로 행동하는 사람보다 스트레스를 더 많이 받는다. 그 일 자체가 가지고 있는 스트레스에 더해, 하기 싫고 피하고 싶은 마음인 저항감까지 추가되기 때문이다. 과정은 물론이고 결과에도 좋지

말의 알고리즘

않은 영향을 주고 만다.

하기 싫은 일을 억지로 하는 회피동기의 태도를 접근동기의 태도로 바꿔 스트레스를 줄여 주는 마법의 말들이 있다. '해야 해should' 대신 '해 볼까try'가 그런 말이다. 우리는 습관적으로 '해야 해'라는 말을 달고 산다. '밥 먹어야 해', '운동가야 해', '공부해야 해', '돈 벌어야 해', '회사 가야 해' 등 말이다. '해야 해'라는 말에는 하고 싶지는 않지만 어쩔 수 없이 한다는 강제성이 들어있다. 반면 '해 볼까'라는 말에는 스스로 시도해 보고자 하는 자율성이 내포되어 있어 저항감을 줄여 준다.

또 다른 예로 조지프 캠벨의 '네가 들어가기 무서워하는 동굴이 네가 찾는 보물을 품고 있다'와 같은 문장은 두려워서 피하고 싶은 일을 직면하도록 그리고 기꺼이 경험하도록 도와준다.

무언가를 잘 해내지 못할 것 같고 실패할지도 모른다는

불안감이 올라오거나, 어떤 일을 할 때 저항감이 느껴질 경우 방금 소개한 말들을 잠시 시간을 내어 되뇌어 보고 숙고해보자. 불안, 두려움, 저항감을 줄여 주고 현재에 집중하는 힘을 키워 줄 것이다.

제4장

관계를 이끌어가는 말의 알고리즘

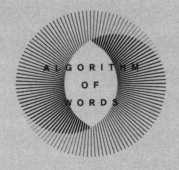

AUTHORITY
OF
WORDS

삶의 만족도는
관계에 달렸다

아이들은 어른들이 놀아 주거나
정다운 표정으로 말을 걸어 주지 않으면 살아갈 수 없다.

살림벤

몸이 힘든 건 견딜 수 있어도 사람 때문에 힘든 건 견디기 어렵다는 말이 있다. 관계에서 오는 스트레스가 육체적 스트레스보다 더 크고 힘들다는 것이다.

어쩌면 당연하다. 무리 지어 사는 인간은 서로 영향을 주고받는 사회적 동물이기 때문이다. 그러므로 관계에서의 갈등은 사회적 고립을 의미하며 이는 생명을 위협받는 것 같은 스트레스를 준다.

그렇다면 어떤 관계에서 가장 스트레스를 받을까?

아무리 많은 사람과 관계를 맺고 있어도, 애정 어린 관심이 없거나, 따뜻한 시선을 주고받지 못하거나, 존중과 사랑의 접촉이 결여된 관계에서는 사람은 진정한 만족을 느끼지 못한다. 이것이 바로, 투명인간 취급을 당할 때 가장 큰 스트레스를 받는 이유다. 무시를 넘어서 자신의 존재 자체가 부정당하는 것이기 때문이다.

투명인간 취급한다는 것의 또 다른 표현은 물건 취급한다는 말이다. 이와 관련해 뇌과학자인 정재승 교수가 재미있는 실험을 했다.

연애 6개월 차인 여대생에게 남자친구 사진과 좋아하는 남자 연예인 사진을 보게 한 후 뇌의 활동성을 비교했다. 그 결과, 두 경우 모두 뇌의 다양한 영역이 활성화됐다. 이는

말의 알고리즘

주의를 집중하고 높은 관심을 보였다는 것을 의미한다. 물론 남자친구 사진보다 연예인 사진을 볼 때 뇌에서 더 강한 활성화가 일어나는 현상이 관찰됐지만 두 번 모두 뇌에서 눈에 띄는 활성화가 이루어졌다.

이번에는 결혼한 지 15년이 된 부인에게 남편의 사진을 보여준 후 뇌의 활성화를 살펴보았다. 그 결과, 앞의 연구와는 달리 뇌에서 활성화가 거의 일어나지 않았다. 이런 뇌의 반응은 우리가 의자나 책상과 같은 사물을 인식할 때와 유사했다.

이 이야기를 들려주면 많이들 공감하는지 여기저기서 웃는다. 웃으면서도 한편으로는 충격을 받는다. 그러나, 사실 남편을 볼 때 아내의 뇌 반응이 사물을 볼 때와 비슷하다는 결과는 그리 놀랍지 않다. 퇴근하고 들어오는 배우자에게 어떻게 반응하는지 자신이나 부모님의 경우를 한번 떠올려보면 이해가 될 것이다.

일부러 그러지는 않았을 것이다. 다만, 함께한 시간이 길어지면서 점점 서로에게 익숙해지다 보니 아무런 감흥 없이 서로를 사물처럼 대하게 된 것이다.

하지만 우리는 인간관계를 통해서 자신이 실존하고 있음을 자각하는 존재다. 계속해서 서로를 물건처럼 대하거나 투명인간 취급을 하면 불만족이 쌓이면서 결국 관계에 금이 가고 만다.

그런데도 언제부터인가 우리는 서로의 눈을 바라보고 이야기하지 않는다. 낯선 사람은 물론이고 가장 가까운 관계에서도 서로를 보지 않고 대화한다.

이와 관련하여 생각나는 에피소드가 있다. 전에 지하철에서 목격한 장면인데 아직도 또렷하다. 두 여학생이 대화를 나누는데 서로 얼굴을 보지 않고 각자 스마트 폰에 빠져서 건성으로 말을 주고받는 장면이었다. 같이 있지만 각자 다른 세계에 있는 그 모습이 굉장히 낯설고 기이하게 느껴졌고 한편으로는 걱정스러운 마음도 들었다.

이질감이 들었던 장면이 지금은 일상이 됐다. 가족끼리

밥 먹을 때도 여행을 가서도 각자 스마트 폰을 들여다보느라 여념이 없다. 옆에서 아이가 자신을 봐 달라며 엄마를 계속 쳐다보고 있어도, 유모차를 끌고 가면서도, 엄마는 스마트 폰만 보고 있다. 아이가 놀아달라고 보채도 아빠는 스마트 폰 삼매경에 빠져 있다.

몸은 함께 있지만 마음은 각자 다른 곳에 있는 것이다. 바로 옆에 진짜 사람이 있어도 저 멀리에 있는 사람 혹은 물건에 시선을 빼앗긴다. 현재의 관계보다 가상의 관계에 더 많이 집중하고 있다. 이것이 옆 사람을 투명인간이나 물건 취급하는 것이 아니고 무엇이겠는가.

철학자 마르틴 부버Martin Buber는 책《나와 너》에서 인간관계에서 일어나는 상호교류에는 두 가지 종류가 있다고 말한다. '나와 너I and Thou' 아니면 '나와 그것I and It'이다. 마르틴 부버는 '나와 그것'의 관계가 아닌 '나와 너'라는 성스러운 모습으로 상호교류를 해야 한다고 말한다. 우리는 사물이 아닌 특별한 존재이기 때문이다.

하지만 우리는 상대방을 '너'가 아닌 '그것'으로 대하는 경우가 많다. 더 나아가 자신조차도 '나'가 아닌 '그것'으로 대하고 있는 것 같다. 타인을 물건으로 대하듯 자신도 물건으로 대하고 있다면 지나친 표현일까.

사람과의 만남에서 우리가 만족하고 행복을 느꼈을 때를 떠올려 보면 상대방에게 따뜻한 관심과 집중을 받았을 때다. 서로를 바라보고 서로의 이야기를 진심으로 듣고 공감해 주고 받아들여 줄 때 우리는 만족과 기쁨과 충족을 느낀다. 마르틴 부버는 '나와 그것'의 관계에서 이루어지는 대화는 독백일 뿐이며, '나와 너'의 관계일 때에야 비로소 진정한 대화를 할 수 있다고 말한다.

일방적 독백이 아닌 쌍방향적 대화를 하기 위해서 가장 먼저 해야 할 일은 옆 사람에게 관심을 갖는 것이다. 집안에 늘 있는 가구처럼 대하지 않는 것이다. 있어도 없는 투명인간 취급을 하지 않는 것이다.

옆에 누군가가 있거들랑 오롯이 그에게 집중해 보자. 영화 〈아바타〉에 나오는 나비족의 인사인 '나는 당신을 봅니다I see you'라는 태도를 가지고 말이다. 이렇게 존재 대 존재로 마주 볼 때 우리는 진정한 관계로 연결될 수 있다.

모든 사람에게는
'미끼 말'이 있다

타인의 말이
자기 내면의 목소리를 잠재우게 하지 마라.

스티브 잡스

1985년도에 제작된 영화 〈백 투 더 퓨처〉는 타임머신을
타고 과거와 미래를 경험하는 내용이다. 주인공은 평범한
고등학생 '마티'로 왜소한 체구에 소심하고 내성적이라 학교
에서 그다지 눈에 띄는 학생은 아니다.

하지만 그런 그를 돌변하게 만드는 말이 있다. 바로 '치킨(겁쟁이를 뜻하는 영미권 속어)'이다. 그는 친구들이 자신에게 "야, 치킨(겁쟁이)"이라고 하는 순간 꼭지가 돌아 전혀 다른 사람이 된다. 화가 머리 꼭대기까지 나서 물불 안 가리고 달려들어 싸움에 휘말린다.

여러분은 어떤가? '치킨'이라는 말이 여러분을 화나게 하는가? 치킨이라는 말을 들으면 오히려 우리 머릿속에서는 프라이드치킨이 떠오를 거다.

만약 치킨의 속뜻이 '겁쟁이'라는 걸 알게 된다면 어떨까? 사람에 따라 정도의 차이는 있겠지만 그 말이 치고받고 싸울 정도로 화를 일으키진 않을 것 같다.

다음으로는 여러분과 가장 가까운 사람이나 직장 상사 혹은 부모님이 여러분에게 "넌 쓰레기야"라고 말했다고 생각해 보라. 개인마다 느끼는 정도는 다르겠지만 마티에게 "야, 치킨!"이라고 말하는 것만큼이나 화가 나고 자존심이 상할 것이다.

그러면, "넌 쓰레기야" 대신 "넌 책상이야"라고 말했다면 어떨까? 그래도 화가 나고 자존심이 상할까?

레지나 브렛의 책 《행복한 사람은 있는 것을 사랑하고 불행한 사람은 없는 것을 사랑한다》에는 마틴 신부님의 상담 사례가 나온다.

어느 날 마틴 신부님이 이끄는 집단상담 그룹에 한 여인이 참여한다. 그녀는 술 취한 남편에게 "넌 창녀야"라는 소리를 들었다며 하염없이 눈물을 흘리며 괴로워하고 있었다. 울고 있는 그녀에게 마틴 신부님이 물었다.

"만약 남편이 당신에게 '넌 창녀야'라고 말한 대신 '넌 의자야'라고 했다면 지금처럼 화가 나고 슬펐을까요?"

그녀는 당연한 걸 왜 묻느냐는 식으로 답했다.

"물론 아니죠."

그러자 다시 신부님이 물었다.

"왜 화가 나거나 슬프지 않을까요?"

그녀는 다소 황당한 듯 대답한다.

말의 알고리즘

"나는 의자가 아니니까요."

그러자 신부님이 다시 물었다.

"그럼 당신은 창녀인가요?"

　앞의 얘기로 돌아가 보자.

　'치킨'이라는 단어 자체에는 아무런 문제가 없다. '꼭지가 돌' 정도로 화나지 않는 사람도 많기 때문이다. 다만, 마티 에게 '치킨'이란 말은 분노를 유발하는 '미끼 말'이었다. 마 틴 신부님의 내담자였던 여인에게는 '창녀'라는 말이 수치심 을 유발하는 '미끼 말'이었다.

　여러분에게는 어떤 '미끼 말'이 있는가? 그리고 그 말은 어 떤 감정을 불러일으키는가? 의외로 사람들은 자신에게 '미 끼 말'이 있다는 사실을 잘 모른다.

　그러나 특정 감정을 불러일으키는 '미끼 말'은 누구에게나 있다. 돈을 넣고 버튼을 누르면 자동으로 음료수가 나오는 자동판매기처럼 '미끼 말'의 버튼이 눌리는 순간 자동으로 연결되어 있는 특정 감정이 표출된다.

이러한 패턴에서 벗어나기 위해 가장 먼저 해야 할 일은 자신의 '미끼 말'이 무엇인지 아는 것이다. 자신의 '미끼 말'을 알고, 그 말을 들었을 때 어떤 감정이 느껴지는지를 알면, 다음번에 그 말을 들었을 때 덜 휘말릴 수 있다. 그리고 왜 그 말을 들었을 때 그런 감정이 느껴지는지를 곰곰이 들여다보면 자신을 좀 더 이해할 수 있게 된다.

나에게 '미끼 말'이 있듯 상대방에게도 '미끼 말'이 있다. 대화가 다툼으로 번졌다면, 서로의 '미끼 말' 버튼을 눌렀을 확률이 높다.

상대방의 '미끼 말'은 무엇인지 살펴보자. 다툼은 늘 비슷한 상황에서 비슷한 패턴으로 일어나기 때문에 과거에 다퉜던 상황과 배경을 떠올려 보면 도움이 된다. 어떤 말에 상대방이 흥분했는지를 찾아보자. 상대방이 어떤 말에 화가 났는지를 알게 되면, 가능하면 그 말을 피하려고 조심해 본다. 그리고 한발 더 나아가 서로 기분이 좋을 때 왜 그 말에 그

　　　　　　　　　　　　　　　　말의 알고리즘

렇게 화가 나는지를 상대방에게 넌지시 물어보자. 예상외의 답변을 듣게 될 수도 있다. 이런 과정을 통해 우리는 서로를 더욱 잘 이해할 수 있고 그럴수록 관계는 더 깊어지게 된다.

말 패턴이
관계 패턴을 만든다

세상을 번거롭게 하는 갖가지 불행은
대부분 말에서 일어난다.

바아크

드라마 〈응답하라 1994〉의 마지막 회에는 주인공인 나정이 자신의 남편을 여러 호칭으로 부르는 장면이 나온다. '오빠', '산이 아빠', '여보' 등으로 말이다.

나정이 부르는 호칭에 따라 남편인 재준의 답변 또한 '응',

'넹', '성나정' 등으로 달라진다. 자신을 다양한 호칭으로 부르는 나정에게 재준은 이렇게 말한다. 네가 나를 뭐라고 부르느냐에 따라 자신의 마인드가 달라진다고. 오빠라고 부르면 엄청나게 잘해 주고 싶고, 영화도 보여 주고 싶고, 과자도 사 주고 싶다고. 산이 아빠라고 부르면 곰처럼 힘이 생긴다고. 여보라고 부르면 짜증이 나고 치가 떨린다고 말이다.

나정이 재준을 어떤 호칭으로 부르느냐에 따라 그에 상응하는 상대방의 모습이 나온다. 오빠라고 부르면 오빠로서의 재준, 여보라고 부르면 남편으로서의 재준이 나타난다.

나정 또한 재준을 어떻게 부를지 선택함으로써 자신의 역할을 정하게 된다. 오빠라고 부를 경우 애인으로서의 나정, 여보로 부를 경우 아내로서의 나정이 나오게 된다.

이처럼 우리에게는 역할에 따라 다양한 '나'들이 존재한다. 사회를 구성하는 사람들의 모습과 성격이 제각각이듯, 나와 상대방 모두에게 다양한 모습과 성격을 지닌 '나'들이 있는 것이다.

이를 저자(김정호)는 책 《마음챙김 긍정심리 훈련MPPT 워크북》에서 '마음사회이론'으로 설명한다. 마음은 여러 '나'들로 이루어진 사회라는 것이다. 여러 '나'는 역할뿐만 아니라 상태에 따라서도 다양하게 존재한다. 예를 들어, 마음 안에는 '유능한 나'도 살지만 '자신감 없는 나'도 살고, '활발한 나'도 살지만 '소심한 나'도 살고, '불안한 나'도 살지만 '편안한 나'도 산다.

나정이 남편을 부르는 호칭에 따라 남편의 대답이 달라지듯, 내 안의 많은 '나' 중 '특정 나'가 상대방의 많은 '나' 중 '특정 나'를 불러낸다. 음식점에서 호출 버튼을 누르면 종업원이 오듯 내가 상대방의 여러 나 중 '특정 나'를 불러내는 것이다. 내 안의 여러 나 중 '1호 나'가 상사의 여러 나 중 '3호 상사'를 불러내고, 내 안의 여러 나 중 '2호 나'가 배우자의 여러 나 중 '5호 배우자'를 불러내는 것일 수도 있다.

나의 '특정 나'가 상대방의 '특정 나'를 반복해서 불러낼수록 그 상대방과 나의 관계는 특정한 패턴으로 굳어지게

　　　　　　　　　　　　말의 알고리즘

된다. 예를 들어 배우자와의 관계에서 반복적으로 일어나는 문제점이 있다면 늘 동일한 '특정 나'가 동일한 상대방의 '특정 나'를 불러냈기 때문이다. 그게 반복되면 배우자와 나 사이에는 불화가 잦아진다.

상대방과의 관계를 개선하고 싶다면 마음에 들지 않는 상대방의 행동을 탓하고 바꾸려고 애쓰기보다 먼저 '어떤 나'가 상대방의 '특정 나'를 불러내는지, 그리고 상대방의 '어떤 나'가 나의 '특정 나'를 불러내는지를 찾아야 한다.

그렇게 하지 않고 상대의 반응에 자동으로 동조해서 자신도 같은 반응을 하면 똑같은 관계를 유지할 수밖에 없다. 마치 탁구 경기처럼 말이다. 상대방에게서 공이 날라 오면 무조건 그걸 받아치는 데에만 혈안이 되어있는 것이다. 왜 받아쳐야 하는지 어떻게 받아칠 것인지 생각할 틈도 없이 화가 날아오면 화로 맞받아칠 뿐이다.

이런 습관화된 반응 패턴에서 벗어날 수 있는 유일한 방법은 게임을 끝내는 것뿐이다. 반응적으로 주고받는 게임을 끝내기 위해서는 상대방에게서 날라 오는 공을 내가 먼저 코트 밖으로 쳐 내야 한다. 예를 들면, '3호 상사'가 나타났을 때 평소처럼 '1호 나'로 반응하는 대신 '3호 나'로 반응해 보는 것이다. 그러면 새로운 '7호 상사'가 나타날 수도 있다. '5호 배우자'가 나타났을 때 새로운 나로 반응하면 '3호 배우자'를 호출할 수도 있다.

'같은 행동을 반복하면서 다른 결과를 바라는 것은 미친 짓이다'라는 말처럼 상대방의 말과 태도에 습관적으로 똑같은 반응을 보이면서 그 관계에서 새로운 변화를 꿈꾸는 것은 모순이다. 상대방과 지금과는 다른 새로운 관계를 맺고 싶다면 원래대로 반응하지 말고 새로운 나로 반응하여 상대의 새로운 나를 불러내야 한다.

그 첫 번째 시작은 바로 상대방의 말에 즉각적으로 맞대응하는 대신 일단은 멈춰서 어떤 말을 할지 선택한 후, 그 전과는 다르게 반응하는 것이다. 어떤 말을 할지 선택한다

말의 알고리즘

는 건 결국 내가 상대방의 어떤 나를 불러내고 싶은지를 선택하는 것과 같다. 그렇게 말 습관이 바뀔 때 비로소 관계의 패턴에도 새로운 변화가 생길 수 있다.

◆

말 잘하는 사람은
잘 듣는 사람이다

◆

사랑의 첫 번째 의무는
상대방에 귀 기울이는 것이다.

폴 틸리히

가까운 관계를 만들어 주는 것이 '동질성'이라면, 그 관계가 지속되도록 유지하는 데 필요한 것은 '새로움'이라고 한다. 좋아하는 사람을 만났을 때를 떠올려 보자. 상대방의 모든 것이 궁금하고, 알고 싶고, 상대방의 이야기에 집중하게

말의 알고리즘

된다. 별거 아닌 이야기도 재밌게 느껴지고 바라보는 내내 흐뭇하다. 그러다 시간이 지나고 익숙해지면 점점 서로를 당연시하게 된다.

그러나 우리는 당연하게 여겨질 존재가 아니다. 늘 변하기 때문이다. 생각해 보라. 태어나서 현재까지 살면서 변하지 않고 그대로인 사람이 있을까?

몸이라는 하드웨어가 변하듯 마음이라는 소프트웨어도 변한다. 하지만 우리는 늘 고정되어 있다는 착각에 빠져 산다. 10년 전, 20년 전, 30년 전에 업로드된 상대방에 대한 정보로 지금의 상대방을 판단하고 대하는 것이다.

스스로에게도 마찬가지다. 어제의 나와 오늘의 나도 다른데 10년 전, 20년 전, 30년 전의 나와 지금의 나는 얼마나 다르겠는가.

따라서, 나에 대한 업데이트뿐만 아니라 내 주변 사람들에 대한 주기적인 업데이트가 필요하다. 올바른 길, 새로운 길을 잘 안내받기 위해 주기적으로 내비게이션을 업데이트하듯 말이다.

나에 대한 업데이트와 함께 상대방에 대한 업데이트를 꾸준히 하지 않으면 잘못된 정보 때문에 원했던 도착지가 아닌 엉뚱한 길로 갈 수 있다.

내면에 대한 최신 정보를 업데이트하는 방법으로 '러브 맵 Love map'이 유용하다. 이는 심리학자이자 부부관계치료의 대가인 존 가트맨John Gottman 박사가 꺼져가는 관계를 회생시키기 위해 만든 방법이다.

러브 맵은 말 그대로 서로에 대해 얼마나 많이 알고 있는지를 보여주는 지도이다. 알고 있는 게 많지 않거나 잘못 알고 있었다면 러브 맵을 이용해 서로에 대한 정보를 최신 버전으로 업데이트해야 한다.

예를 들면, 배우자가 요즘 좋아하는 음식은 무엇인지, 최근 자주 듣는 노래는 무엇인지, 현재 관심 있는 분야는 무엇인지 호기심을 가지고 관찰하고 물어보면서 상대방에 대한 러브 맵을 완성해나가는 것이다. 마치 처음 연애할 때 서

말의 알고리즘

로를 알고 싶은 마음으로 이것저것 물어보며 상대방에 대한 정보를 모으듯이 말이다.

　배우자 외의 대상으로 범위를 넓혀서 적용하고 싶을 땐 '대화 맵'이 도움이 된다. '대화 맵'은 저자(고은미)가 가트맨의 러브 맵과 마음챙김 대화법을 응용하여 만든 방법이다.

　러브 맵을 완성하는 데 필요한 질문들의 내용을 보면 주로 배우자와의 관계에 초점이 맞추어져 있다. 한편, 대화 맵의 질문은 러브맵의 질문보다 훨씬 보편적인 내용으로 이루어져 있어 가까운 관계부터 전혀 모르는 사람들에게까지 다양하게 활용할 수 있다.

　예를 들면, 자신이 남과 특히 다른 점은 무엇인지, 어릴 때 추억에 남은 일은 무엇인지, 지금이라도 만나서 다행인 사람은 누구인지 등이다. 이런 질문들을 서로 하다 보면 상대를 더 자세하고 깊게 알 수 있다.

　그런데 우리가 주목해야 할 건 따로 있다. 바로, 질문하고 대답을 듣는 과정에서 요구되는 '마음챙김 듣기'다.

보통 우리는 대화할 때 듣기 위한 대화가 아닌 말하기 위한 대화를 한다. 상대의 이야기를 있는 그대로 듣기보다는, 그 말에 어떻게 대답하고 반박할 것인지 생각하면서 대화를 이어간다.

반면, 마음챙김 듣기는 상대의 이야기를 있는 그대로 판단 없이 들어주고, 상대가 이야기를 마칠 때까지 중간에 끼어들거나 말을 끊지 않고 기다려 주는 것이다.

저자(고은미)는 학교 강의나 교육 프로그램을 진행할 때 사람들이 '대화 맵'을 직접 경험해 볼 수 있도록 안내한다.

방법은 간단하다. 두 명씩 짝을 지어 한 사람당 15분씩 질문과 대답을 한다. 나눠준 질문지를 바탕으로 상대방을 자신이 무척 만나고 싶고 알고 싶었던 귀한 사람으로 여기며 15분 동안 궁금한 걸 묻고 그 대답에 진심으로 귀 기울여 듣는다.

잠깐의 실습이지만, 효과는 의외로 꽤 크다. 활동이 끝날 때쯤 강의실 분위기는 실습 전과는 완전히 달라져 있다. 모두 생동감이 넘치며 얼굴에 빛이 난다. '관심' 덕분이다.

애정 어리고 따뜻한 그리고 한 존재로서 온전한 '관심'을 받으면, '사랑하면 예뻐진다'는 말처럼 한껏 피어난다. 자신의 이야기를 누군가 성의껏 들어주고 관심을 보이고 흥미롭다고 여겨줄 때 우리는 그렇게 빛나는 존재가 되고 생동감 넘치는 존재가 되는 것이다. 이것이 대화 맵에 숨겨진 또 하나의 보석 같은 효과다.

우리에게는 자신의 이야기를 들어줄, 자신에게 관심을 가져 줄 상대가 필요하다. 이를 통해 자신이 존재하고 있음을 확인받으며 하루하루를 살아나갈 힘을 얻기 때문이다.

그러기 위해서는 먼저 자기 자신에게 관심을 가지고 스스로에게 그런 존재가 되어 주어야 한다. 그런 다음 주변 사람들에게 관심을 가지고 그들의 이야기에 귀를 기울여 보자. 그리고, 상대방의 말에 어떻게 대답하거나 어떤 말을 해야 할지 의식하기보다는, 마음을 열고 그들의 이야기를 있는 그대로 들어 보자. 그러다 보면 자연스럽게 적절하고 적합한 말이 나오게 된다. 그럴 때 관계의 질은 한껏 높아지게 될 것이다.

자신을 아낄수록
말은 신중해진다

어른을 대하듯 정중하게, 아이를 보듯 사랑스럽게,
최선을 다해 나 자신에게 친절할 것.

안드레아스 크누프

'시각절벽visual cliff'이라는 실험이 있다. 이 실험에는 시각적 착시를 일으켜 깊이가 다르게 보이도록 특수하게 제작된 탁자가 필요하다. 이 탁자의 중간지점에는 절벽 앞에 선 것처럼 보이는 시각절벽 구간이 있다.

실험은 다음의 순서로 이루어진다. 탁자 위에 스스로 움직이거나 기어 다닐 수 있는 새끼동물 그리고 생후 6~14개월 아기를 올려놓고, 그들을 앞으로 움직이게 한다. 그리고는 그들이 시각절벽 구간에 이르렀을 때의 반응을 관찰한다.

실험 결과, 시각절벽 구간에 이르면 새끼동물이건 아기건 두려움을 느끼고 뒤돌아 도망쳤다. 새끼동물과 아기에게는 생득적으로 '깊이 지각 능력'이 있음이 입증된 것이다.

이 실험을 힌트 삼아 한 방송에서 엄마와 아이를 대상으로 실험한 적이 있다. 연구자들은 테이블 반대편에 아이의 엄마를 앉게 한 후, 엄마의 표정에 따라 아이의 반응이 어떻게 달라지는지를 관찰했다.

엄마가 아기를 쳐다보고 있다. 아기는 맞은편에 있는 엄마를 향해 열심히 기어간다. 잠시 후, 시각절벽 구간에 다다른다. 그리고 아기가 엄마를 쳐다보는데 엄마가 무표정으로 자신을 바라본다. 아이는 울거나 뒤돌아서 기어간다.

이번에는 아기가 시각절벽 구간에 이를 때 엄마가 밝게 웃으며 건너오라고 손짓한다. 그러자 아기는 엄마를 보며 방긋 웃으며 공포의 시각절벽 구간을 넘어서 엄마를 향해 기어간다. 아기들의 표정엔 어떤 두려움이나 망설임도 보이지 않는다.

앞에 아무도 없었을 때는 시각절벽 구간에서 두려움을 느끼고 돌아섰던 아기들이 생득적 두려움을 이기고 건너갈 수 있었던 이유는 무엇이었을까? 아기들이 두려움에도 불구하고 시각절벽을 건넌 힘은 다그치고 윽박지르거나 무표정을 짓는 게 아닌 따뜻한 미소로 응원해 주고, 지지해 주는 엄마의 태도에 있었다.

누구나 시각절벽과 같은 심리적 절벽을 경험한다. 실수하거나 어려움에 부닥쳤을 때다. 그럴 때 자신을 어떻게 대하는가? 따뜻한 응원과 격려를 보내 주는가 아니면 비웃거나 욕하거나 채찍질하는가?

저자(고은미)가 진행하는 수업 시간에 학생들에게 과제로, 일주일간 일상 속에서 자신이 실수하거나 실패했을 때 스스로에게 하는 말을 찾아오도록 한 적이 있었다. 실수나 실패가 없더라도 문득문득 자신에게 하는 말이 있다면 그것도 함께 적도록 했다.

학생들이 찾아온 말 중에 공통으로 많이 나온 말은 다음과 같았다. '아, 짜증나', '난 왜 이 모양인 걸까?', '네가 할 수 있을 것 같아? 넌 어차피 못해', '넌 할 줄 아는 게 뭐니?', '망했다', '내가 항상 그렇지 뭐. 역시 나는 안 돼', '난 왜 이렇게 되는 일이 없지?', '역시 나는 안 돼'…. 학생들은 스스로에게 이런 말을 하고 있다는 걸 알고 충격을 받았다.

이 학생들처럼 우리는 지금보다 발전하고 나아지기 위해서는 자신을 다그치고 윽박지르며 채찍질해야 한다고 생각한다. 하지만 생각보다 그 방법은 효과가 없다. 오히려 앞으로 나아가는 것을 주저하게 만들고 결국 뒤돌아 도망치게 한다. 마치 무표정한 엄마의 얼굴을 본 시각절벽 앞의 아기들이 울거나 뒷걸음질치는 것처럼 말이다.

내가 가는 길이 **삐뚤빼뚤**하더라도 주변에 든든한 땅이 있다면 잘 걸을 수 있다. 설혹 주변이 낭떠러지일지라도 그 옆에 울타리나 안전하게 잡을 줄이 있다면 두렵더라도 의지하며 한발 한발 나아갈 수 있다. 앞으로 나아가기 두려울 때 그 길을 건널 수 있게 도와주는 건 빨리 가라고 다그치는 채찍질이 아니라 의지해서 잡고 갈 수 있는 안전줄과 같은 따뜻한 응원과 지지다.

주변 사람들의 지지도 중요하지만 나에게 먼저 그런 존재가 되어주는 게 더 중요하고 필요하다. 자신을 믿고 지지해 주는 것, 자신을 정중하고 친절하게 대해 주는 것, 따뜻한 관심의 말을 건네주는 것이다. 이제는 벌벌 떨며 두려워하는 나에게 비난과 조롱 대신 따뜻하게 품어 주는 마음을 보내 주자. 어떤 위기가 닥쳐오더라도 헤쳐나갈 힘을 얻게 될 것이다. 그 시작은 다정한 말 한마디, 응원의 말 한마디부터다.

◆

공감이란 서로의 욕구를
아는 데서 시작된다

◆

우리에게 가장 나쁜 적은
우리 마음 안에 숨어 있다.

푸블릴리우스 시루스

거울이 없던 시절에는 자신의 얼굴을 보려면 어떻게 했을
까? 물에 비친 모습으로 자신을 보아야 했다. 그런데 만약
그 물이 심하게 요동친다면 어떨까? 물에 비친 자신의 모
습이 일그러져 보일 것이다. 물이 고요하고 잔잔해야 물

말의 알고리즘

위에 비친 자신의 모습도 있는 그대로 비추어진다.

마음도 그렇다. 마음이 복잡하고 시끄러우면 자신의 마음도 상대방의 마음도 있는 그대로 비추지 못한다. 마음이 차분하고 고요해야 내 마음도 보이고 상대방의 마음도 제대로 보인다.

마음을 고요하고 차분하게 만드는 데 도움이 되는 질문은 '내 마음은 고요한가?'이다. 내 마음이 고요한지 스스로 묻는다. 특히 사람들과 만날 때 자신의 마음이 고요한지를 살펴보자. 내 의견만 주장하고 있는 건 아닌지, 상대를 왜곡된 시선으로 바라보고 있는 건 아닌지를 점검하는 것이다. 내 마음이 고요한지를 자신에게 묻는 것만으로도 마음의 파도가 잔잔해진다. 내면의 상태를 살피도록 도와주는 이 물음은 거친 파도를 일으키는 부정적인 생각의 반추를 멈추게 하고 원하는 목표에 주의를 집중시켜 준다.

이 물음에서 한발 더 나아가 내가 이 관계에서 무엇을 바라는지 그리고 상대방은 무엇을 바라는지를 숙고해 보는 것은 나와 상대방에 대한 깊이 있는 이해를 도와준다.

자신의 마음에 대해 스스로 이해하게 되면, 자연스럽게 마음에 여유가 생기게 되고, 그로 인해 상대방을 살펴 볼 여유가 생기기 때문이다. 가득 찬 곳간에서 인심이 나는 것이다. 그렇게 할 때, 우리는 자신만의 입장을 넘어 상대방의 입장에서 생각해 볼 수 있다. 즉, 타인에게 공감할 수 있게 되는 것이다.

자신에 대한 이해가 어떻게 타인에 대한 공감으로 연결되는지 저자(고은미)의 경험을 소개한다.

남편과 조조할인 영화를 보러 갔다. 아침잠이 많은 나는 별로 내키지 않았지만 이른 아침에 영화를 보는 걸 무척 좋아하는 남편을 위해 함께 나섰다. 영화가 시작하기 전까지 시간이 남아서 카페에 들어갔고, 커피를 주문한 뒤 자리에 앉았다.

그런데 기분이 갑자기 나빠졌다. 괜히 앞에 앉은 남편에게 투덜거리며 짜증을 냈다. 불쾌한 기분의 원인이 이른 아침부터 깨워 영화를 보자고 한 남편에게 있다고 생각했기 때문이었다. 그러다 문득, '왜 기분이 나쁘지? 나는 뭘 바라는 거지?' 하고 의문이 생겨 스스로에게 물었다.

'분명 방금까지는 기분이 이렇게까지 나쁘지는 않았는데 무엇 때문에 기분이 나빠진 걸까?'

그렇게 나에게 질문을 하고 들여다보다 그 원인을 알게 되었다. 바로 커피를 주문할 때 직원이 보인 불친절한 태도가 나를 언짢게 한 것이었다.

'왜 그게 기분이 나빴던 걸까? 나는 그 직원에게 무엇을 바랐던 것일까?'

다시 가만히 나에게 물었다. 결국 나는 그 직원에게 특별한 사람으로 대접받고 싶었음을 알게 되었다. 하지만 그 직원은 나에게 그러한 행동을 보이지 않았고, 불친절한 그의 태도는 존중받고 싶은 나의 욕구를 좌절시켰다. 그게 뭐라고 남편한테 투덜댔는지….

순간 피식 웃음이 나왔다. 그리고 그 직원을 다시 바라보았다. 그제야, 새벽에 일어나 출근했을 그의 지친 얼굴이 눈에 들어왔다. 그 순간 안쓰럽고 미안한 마음이 들면서 이렇게 이른 아침에 커피를 마시게 해 준 그에게 감사한 마음이 들었다. 동시에 나 또한 그에게 불친절하게 맞대응했음을 깨달았다. 한껏 설레며 영화관에 왔을 남편이 나의 불평으로 인해 풀이 죽은 모습도 눈에 들어왔다.

스스로에게 무엇을 바라는지 물음으로써 내가 직원에게 과도한 존중을 바랐음을 깨닫게 됐고, 욕구를 내려놓을 수 있었다. 그러면서 그 직원의 입장에서 생각할 수 있는 마음의 여유가 생겼다. 나아가 직원의 입장에서는 충분히 그러한 태도를 보일 수 있겠다고 이해되면서 오히려 그 직원에게 미안함과 감사함을 느꼈다.

그리고 언짢은 내 마음에만 쏠려 있던 관심을 내 옆에 있는 남편에게로 돌려 남편의 욕구가 무엇인지도 살펴볼 수 있었다. '남편은 지금 무엇을 바랄까?', '남편이 지금 내게 바라는 것은 무엇일까?' 하고 말이다. 아마도 남편은 아무 생각 없이 그저 나와 함께 이 시간을 즐겁고 유쾌하게 보내길 바랄 것 같았다. 그래서 나는 모든 걱정을 잠시 내려놓고

말의 알고리즘

남편과 함께 그저 재미의 욕구가 채워지는 순간순간을 기꺼이 즐겼다. 덕분에 망칠 수 있었던 데이트를 서로가 만족한 멋진 데이트로 바꿀 수 있었다.

저자(김정호)는 책 《마음을 공부해야 행복하다》와 책 《일상의 마음공부》에서 '뭘 바래?' 4종 세트를 소개하고 있다. 아주 단순하지만 나와 상대가 정말 바라는 게 무엇인지 묻는 '뭘 바래?'라는 말은 관계를 살리는 공감의 말이 될 수 있다.

'뭘 바래?'는 묻는 방향에 따라 4가지 단계로 구분되며, 각 단계 순으로 공감과 이해의 범위가 확장된다. '뭘 바래?' 4종 세트를 아래에 소개한다.

1단계는 '내가 나에게 바라는 것'이 무엇인지 묻는 것이다. 우리는 욕구가 있기에 스트레스를 받기도 하고 행복을 느끼기도 한다. 예를 들면, 욕구가 충족되지 않거나 좌절될 거라고 예상하면 스트레스를 받고, 욕구가 충족되거나 충족될 거라고 예상하면 행복해진다.

하지만 자신이 무엇을 원하는지를 잘 알고 있는 사람은 의외로 드물다. 따라서 뭘 바라는지 묻는 연습은 자신에게 어떤 욕구가 중요한지를 찾게 해 주는 마법의 말이 된다.

스트레스 상황뿐만 아니라 평상시에도 자신에게 친절하게 '뭘 바래?' 하고 묻고 마음의 이야기에 귀를 기울이다 보면 본인이 가장 중요하게 생각하는 욕구(동기), 삶의 가치, 목표가 무엇인지, 자신의 삶에서 진정으로 바라는 것이 무엇인지 찾을 수 있게 된다.

2단계는 '상대방에게 내가 바라는 것'은 무엇인지 묻는 것이다. 앞의 단계는 삶에서 자신이 진정으로 바라는 것을 찾게 해 준다면, 이번 단계는 좀 더 범위가 확장되어 상대방과의 관계에서 내가 바라는 게 무엇인지를 찾게 해 준다.

이 질문을 통해 상대방에게 내가 무엇을 바라는지 알게 되면, 많은 경우 과도한 욕구임을 알게 되고 내려놓게 된다.

하지만 어떤 경우에는 그렇지 못하다. 상대방이 나에게

말의 알고리즘

따뜻하게 대하길 바란다는 걸 알게 되더라도 상대방이 그걸 채워줄 수 없는 경우가 있다.

이때 도움이 되는 건 그걸 내가 스스로에게 해 주는 것이다. 즉, 상대에게 바라는 따뜻한 태도를 내가 나에게 해 주는 것이다. 상대에게 원하는 관심, 존중, 인정을 타인에게 구하지 않고 내가 나에게 보내 주는 것이다.

3단계는 앞의 1, 2단계보다 한발 더 나아간다. 앞의 두 단계가 나에게 집중이 되었다면 3단계부터는 상대방의 입장에서 생각해 보는 것이다.

'상대방은 나에게 바라는 게 뭘까?', '내가 상대방이라면 지금 내가 어떻게 말해 주기를, 어떻게 행동해 주기를, 어떤 태도를 보여주기를 바랄까?' 하고 숙고해 본다. 즉, '상대방이 나에게 바라는 것'이 무엇인지 묻는다.

이렇게 방향을 바꾸어 숙고할 때, 상대방의 입장에서 생각해 보도록 도와주는 말이 된다. 가까운 관계일 경우 평상시에도 틈틈이 상대방은 나에게 뭘 바라는지 가만히 그리고 친절히 숙고해 본다. 그러다 보면 상대방의 어떤 욕구가 좌절되었는지 혹은 어떤 욕구가 좌절되리라 예상한 건지에 대한 이해와 통찰이 생긴다.

상대방의 입장과 마음을 진심으로 이해하려는 태도는 상대방에 대한 자신의 과도한 욕구를 내려놓게 해 주고 바르게 보게 해 준다. 더불어 그러한 태도는 상대방에게도 전달되어 관계에 변화를 불러오기도 한다.

마지막 4단계는 '상대방이 스스로에게 바라는 것'이 무엇인지 묻는 것이다. 상대방이 그들의 삶에서 뭘 바라는지에 관해서 관심을 갖고 숙고하는 건, 상대방도 결국 나와 같은 인간이라는 것을 상기시켜 준다.

그렇게 상대방을 바라보게 될 때 측은지심의 마음이 일어난다. 내가 행복을 바라듯 상대방도 자신의 행복을 바랄 테고 내 삶이 고되듯 상대방의 삶에도 내가 알지 못하는 힘듦이 있을 거라는 걸 헤아리게 된다.

'내 마음은 고요한가?'와 더불어 '뭘 바래?'를 묻고 숙고하

말의 알고리즘

는 작업은 자신을 더 잘 이해하게 만들어 줄 뿐만 아니라 상대방을 이해하고 공감하는 데에도 도움이 된다. 더불어 자신과 상대방의 욕구를 이해하게 됨으로써, 스스로의 과도한 욕구를 줄이고 서로에게 필요한 욕구를 선택할 수 있게 해준다.

갈등은 결국
사소한 말에서 비롯된다

'옳은' 사람이 되고 싶은가?
아니면 '행복한' 사람이 되고 싶은가?

리처드 칼슨

일상에서 발생할 수 있는 다양한 상황에 점수를 매겨 개인의 스트레스 정도를 알아내는 방법이 있다. 예를 들면, 사소한 법규 위반의 경우는 11점, 이혼의 경우는 73점, 사랑하는 사람이 죽었을 경우는 100점…. 이런 식으로 총 43개의 항목마다 점수가 매겨져 있다.

점수가 높을수록 스트레스를 많이 받고 있다는 뜻이며 특히 6개월에서 1년 사이에 경험한 점수의 합이 200점 이상일 경우 질병에 걸릴 가능성이 크다고 알려져 있다.

그런데 재미있는 건 일상에서 우리를 힘들게 하고 스트레스를 지속시키는 건 이사를 한다거나 배우자와 이혼하거나 사별하는 것과 같은 일생의 큰 사건보다는 근무 조건의 변화, 수면 습관의 변화, 배우자와의 다툼 등 일상의 자질구레한 사건들이라는 사실이다.

큰 사건의 경우, 그 실체가 너무도 명확해서 자신이나 주변 사람들의 이해 그리고 도움 및 지지를 받을 확률이 높다. 또한 스트레스를 주는 요인이 확실하기에 그 부분만 해결하면 된다는 목표가 생긴다. 하지만, 우리에게 스트레스를 주지만 별일 아닌 것처럼 보이는 아주 사소한 사건들은 그 정체가 모호하여 자각하기 힘들고, 딱히 그 사건들이 스트레스의 원인이라고 말하기도 애매하다.

장대비가 내리면 우산을 쓰거나 잠시 몸을 피하는 행위가 정당하고 적절한 반응이지만, 이슬비가 내릴 땐 우산을 쓰거나 비를 피하는 것이 애매하고 부적절하게 느껴지듯이 말이다.

그러다가 가랑비에 옷이 젖어 감기에 걸리게 되듯, 자각하기도 힘들 정도로 사소하지만 불쾌한 사건들이 쌓이고 쌓이다 보면 나중엔 오히려 큰 타격이 된다.

이는 '하인리히 법칙Heinrich's law'과도 연결된다. 하인리히 법칙이란 주로 사업 현장에서 쓰는 용어로, 큰 사건의 발생은 단 한 번의 실수나 사고 때문이 아니라 아주 오래전부터 발생한 사소한 실수와 사고들이 쌓이고 쌓여 임계점에 다다를 때 발생한다는 것이다.

관계도 그렇다. 작게는 부부싸움에서부터 크게는 이혼하기까지 그 지점에 이르게 한 배경에는 하나의 큰 사건보다는 오래전부터 소소하고 사소한 문제들이 쌓이고 쌓여서 발생했을 확률이 높다.

어느 인터뷰에서 한 유명한 여배우가 남편과 이혼하게 된 이유를 밝힌 것이 아직도 기억에 난다. 그녀는 남편이 '매번 양말을 뒤집어 벗어 두어서' 그와 헤어지기로 결심했다고 말했다. 비슷한 사례로 한 여가수는 아주 사소해 보이는 사건 때문에 이혼하게 되었다고 말했다. 남편과 냉면집에서 함께 식사를 하기로 약속했었는데 먼저 도착한 남편이 자신을 기다리지 않고 먼저 냉면을 먹어버린 사건이었다.

이들의 이혼 사유는 매우 사소하다고 생각될 수 있다. 그러나 그 깊숙이에는 그와 비슷한 수없이 많은 일이 쌓이고 쌓여있었을 것이다. 이외에도 치약을 중간부터 짜서, 변기의 뚜껑을 내리지 않아서, 옷을 여기저기에 벗어 놓아서, 공과금을 늘 밀려서 등과 같은 너무도 사소하고 별것 아닌 일들로 갈등이 생기고 결국에는 관계의 파탄까지 이르게 된다.

사소한 말과 행동이 어떻게 관계의 단절을 야기하는지를 보여주는 사례가 책《불행한 관계 걷어차기》에 나온다.

상담을 받으러 온 남편이 아내한테 서운한 점을 이야기하던 중 상담사에게 자신이 아내와 말을 하지 않고 지내게 된 진짜 이유를 꺼내 놓게 되었다.

그 이유인즉, 자신은 고추장멸치볶음을 좋아하는데 부인은 간장멸치볶음만 하더라는 것이었다. 몇 번이고 자신은 간장 말고 고추장으로 볶아달라고 했지만, 부인은 매번 간장으로 멸치를 볶았다고 한다. 그런 일이 10년 이상 쌓이다 보니 지금은 말도 하지 않고 지내게 되었다는 것이다.

훌륭한 결혼 생활은 서로의 옳고 그름을 따지기보다는 관계를 더 우선시하는 데서 온다. 관계에 갈등이 생길 때 내 주장이 옳음을 입증하는 것이 중요한지 아니면 서로가 행복하고 잘 지내는 것이 더 중요한지를 묻는다면 무엇을 우선순위로 두어야 할지가 명확해진다.

고추장볶음이든 간장볶음이든, 양말을 뒤집어서 벗어 놓든 말아서 놓든, 치약을 끝에서부터 짜든 중간부터 짜든 그것은 크게 중요하지 않게 되는 것이다. 상대의 행동이 틀렸다는 생각, 내 말대로 해 주지 않은 상대방이 자신을 무시하

말의 알고리즘

고, 존중하지 않는다는 생각이 화를 키웠을 뿐이다.

그러니, 내 말에 귀를 기울이지 않는 상대방의 잘못을 따지기보다 그런 나는 상대방의 메시지에 귀를 잘 기울였는지 먼저 점검해 보자. 상대방의 이런저런 소소한 요구를 그동안 흘려듣지 않았는지 살펴보자.

만약 상대방이 자기가 옳다고 주장하거든, 맞고 틀림에 집중하기보다 '관계'에 초점을 맞추어 보자. 깊은 구덩이를 가운데 두고 구덩이에 빠지지 않기 위해 서로 목숨을 걸고 줄다리기를 하지 말자는 것이다. 부부, 연인, 가족, 친구 간에 승자와 패자를 가르는 건 아무 소용도 없기 때문이다. 상대를 구덩이에 빠트린다고 해서 기쁘고 환호해 봤자 서로가 지는 게임일 뿐이다.

그러니, 줄다리기를 하는 대신 내 쪽에서 먼저 줄을 살며시 내려놓자. 각자의 말이 옳다고 날을 세워 주장하는 대신, '그래, 당신 말이 맞아요' 하고 그 마음을 인정해 보자. 그 마음을 인정해 줄 때 딱딱하고 경직된 관계가 말랑말랑해질 수 있다.

갈등은 아주 사소한 말들이 쌓여서 일어난다. 마찬가지로, 건강하고 행복한 관계 또한 사소한 말들이 쌓여서 만들어진다. 바로, 상대방을 인정하고 받아 주는 말들이다. 그러니, 한마디 말이라도 함부로 하지 말고, 쉽게 흘려보내지 않도록 하자.

제5장

인생이 술술 풀리는 말의 알고리즘

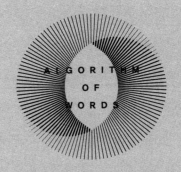

내가 나를 사랑할 때
인생도 나를 사랑한다

◆

타인과 당신의 삶을 비교하지 마라.
해와 달은 비교할 수 없다.
그들은 자기 시간에 빛을 비춘다.

호다 코트비

기분이 아무리 좋더라도 순식간에 기분을 곤두박질치게 만드는 마법의 말이 있다. 상대방과 아무리 관계가 좋더라도 순식간에 그 관계를 틀어지게 만드는 마법의 말이 있다.

바로 '비교'의 말이다. 대놓고 비교하지 않아도 자신의 배우자가 친구 남편이나 아내를 칭찬하거나 부모가 지인의 자녀를 칭찬하면 왠지 비교를 당하는 것 같아 언짢아진다.

네이버 국어사전에 따르면 비교의 의미는 다음과 같다.

'둘 이상의 사물을 견주어 서로 간의 유사점, 차이점, 일반 법칙 따위를 고찰하는 일.'

'둘 또는 그 이상의 사물이나 현상을 견주어 서로 간의 유사점과 공통점, 차이점 따위를 밝히는 일.'

비교의 사전적 의미를 들여다보면 우리가 스스로를 남과 비교할 때 또는 상대방에게 비교를 당할 때 왜 기분이 나빠지는지 그 이유를 찾을 수 있다. 우선 비교라는 것 자체가 '사물'을 대상으로 하기 때문이다. 자신을 상대방과 비교하거나 혹은 상대방에게 비교를 당하는 것은 고유의 인격체인 나를 사물로 취급하는 것이다. 마찬가지로 내가 상대방을 누군가와 비교하는 행위는 그 사람을 물건으로 취급하는 것과 같다.

기분이 나빠지는 또 다른 이유는, 비교가 비교로만 끝나지 않고 비난과 무시 그리고 차별로 이어지는 데에 있다. 자신을 타인과 비교하면서 스스로를 비난하고 무시하고 책망한다. 상대방을 타인과 비교하면서 비난하고 무시하고 차별한다.

사물이 아닌, 인간이 비교 대상이 되면서 비교에도 방향이 생겼다. 첫째는 '상향 비교'로 자신보다 더 낫다고 생각하는 사람과 자신을 비교하는 것이다. 둘째는 '하향 비교'로 자신보다 처지가 더 좋지 않다고 생각하는 사람과 자신을 비교하는 것이다. 행복한 사람일수록 상향 비교보다는 하향 비교를 더 많이 사용한다는 연구 결과도 있다.

연구하지 않더라도 우리는 경험적으로 나보다 잘 나가는 사람과 비교하는 것보다 나보다 더 어려운 사람과의 비교에서 안도감, 감사함, 만족감을 느낀다는 것을 안다. 그러나 하향 비교도 지나치면 독이 된다. 자신보다 처지가 좋지 않은 사람들에게 초점을 둘 때 얻게 되는 상대적 행복감은, 지나칠 경우 과도한 자기애와 교만으로 변질될 위험이 있기 때문이다.

더불어 상대에 대한 차별과 무시로 이어질 수 있다. 결국, 남과의 비교를 통해 얻게 되는 행복은 건강하지 않다. 다른 사람의 불행을 근간으로 하고 있기 때문이다.

건강한 비교는 비교의 기준점이 '타인'이 아닌 바로 '자기 자신'에 있을 때 가능하다. 어제보다 더 성장했는지, 더 발전했는지 어제의 나와 오늘의 나를 비교하는 것이다. 여기에서 유념할 것은 비교를 통한 발전이 당장의 발전을 위해 자신을 파괴함으로써 얻는 것이 아닌, 지속적으로 성장 가능한 발전이어야 한다는 것이다.

생태계를 파괴하는 무차별적 발전을 멈추고 지속가능한 성장을 추구하자는 사회적 움직임처럼, 개인의 발전도 남과 비교해서 더 잘해야 하고, 더 성공해야 하고, 더 빨라야 한다는 강박적 발전이 아니라, 한 걸음 한 걸음 어제의 나보다 더 나은 나를 만들기 위한 지속가능한 성장에 초점을 두어야 한다. 그럴 때 스스로 진정한 만족을 느낄 수 있고 장기적인 성장 또한 가능해진다.

말의 알고리즘

그런데, 만족을 위해서 반드시 성장해야 하는 건 아니다. 그것이 설령 건강한 비교를 통한, 바람직한 방향으로 행해질지라도 말이다.

책 《달러구트 꿈 백화점》의 주인공 페니는, 비교 때문에 불행을 느끼는 전형적인 인물이다. 페니는 다른 사람의 삶을 보면서 부러워하며 열등감을 느낀다. 그러면서 변두리 하역장에서 일하는 아이를 보며 '그래도 내가 쟤보단 낫지'라고 생각한다. 그러다 꿈 백화점 주인인 달러구트를 만난 페니는 우월감이나 안도감을 느꼈던 자신이 부끄러웠음을 고백한다. 그러자, 달러구트는 페니에게 자신을 사랑하는 두 가지 방법을 알려 준다. '첫 번째, 삶에 만족할 수 없을 때는 최선을 다한다.' '두 번째, 자신의 삶을 있는 그대로 받아들이고 만족한다.' 두 번째 방법이 말은 쉽지만 실행하기는 어렵다고 달러구트는 덧붙인다. 하지만 하게 되면 정말이지 너무나도 쉽게 행복을 찾게 된다는 것이 이 이야기의 중요한 포인트다.

남과 비교하면서 스스로를 무시하거나 조롱하는 말을 하고 있다면 이젠 멈추자. 자기혐오의 늪으로 빠지는 길이다. 자신을 남과 비교하는 습관은 그대로 주변 사람에게도 적용되고 또 다른 무시와 차별로 이어진다. 스스로를 남과 비교하지도 말고 상대방을 다른 누군가와 비교하지도 말자. 앞서 말했듯이 비교란 물건끼리만 하는 것이다. 나도 상대방도 물건이 아니다. 나도 상대방도 그 존재 자체로 귀하고 귀한 생명이다.

비교해야 한다면 어제보다 내가 얼마나 성장했는지, 그리고 어제는 보지 못했던 상대방의 빛나는 점이 무엇인지에 초점을 둔 건강한 비교를 하자. 무엇보다 중요한 건, 우리는 '잘 해내야만 하는' 존재가 아니라 '존재 자체로 충분한' 존재임을 기억하는 것이다. 있는 그대로의 나로 충분하다는 '만족'의 태도를 가져 보자. 그럴 때 내 앞에 있는 상대방 또한 그 자체로 충분한 존재임을 깨닫게 될 것이다.

말의 알고리즘

특별하게 여겨야
특별해진다

어떤 일을 하더라도
스스로를 사랑하는 것부터 시작하라.

프리드리히 니체

동화 〈백설 공주〉에 나오는 여왕은 매일 거울 앞에 서서 누가 가장 예쁜지 묻는다. 거울이 "네가 제일 예뻐"라고 대답해 주면 행복해하지만 그렇지 않으면 분노와 질투심에 휩싸여 잠을 이루지 못하고 살인까지 서슴지 않는다.

우리도 그렇다. 타인이라는 거울 앞에서 서서 마음으로 묻는다.

'내가 괜찮은 사람이야?'

'내가 사랑받을 만한 사람이야?'

'내가 중요한 사람이야?'

'내가 멋진 사람이야?'

상대방이 '응, 너는 괜찮은 사람이야. 중요한 사람이야. 사랑받을 만한 사람이야'라는 신호를 주면 안도감을 느끼지만 그렇지 않으면 초조하고 불쾌하고 불안해한다. 그리고 그 말을 듣기 위해 안달한다. 다른 사람들의 관심과 사랑, 인정을 받아야만 스스로가 괜찮은 사람이고 그렇지 못하면 불완전하고 무가치하다고 쉽게 생각한다.

그러나, 여왕이 자신의 아름다움을 거울에 물어봐서 확인하는 태도는 스스로에 대한 믿음이 없다는 사실의 반증이다. 우리가 타인의 말에 일희일비하는 것도 스스로에 대한 믿음이 없음을 의미한다.

말의 알고리즘

영화 〈아이 필 프리티〉의 여자주인공은 자신이 못생기고 뚱뚱하다는 생각에 늘 위축되어 있다. 그러던 어느 날 살을 빼기 위해 등록한 스피닝 수업을 듣다 사고로 머리를 부딪친다. 잠깐 기절한 후 눈을 뜬 그녀는 우연히 거울에 비친 자신을 보며 너무 아름답다고 감탄을 한다. 겉모습은 그대로지만 사고로 인해 스스로가 아름답다고 믿게 된 것이다.

그전에는 스피닝 수업을 들으러 갈 때나 길을 걸을 때 자신의 모습이 부끄러워 몸을 움츠린 채 주변의 눈치를 보며 다녔던 그녀가 자신을 예쁘다고 진심으로 믿게 되자, 자세부터 당당해지고 자신감 넘치는 모습으로 바뀐다. 그렇게 자신감이 생기면서 사랑하는 사람도 만나게 되고 원하던 직장에도 들어간다. 이 영화는 사람이 스스로 만족할 때 어떤 변화가 일어나는지를 보여 준다.

특별하다고 생각해야 특별하다고 느낀다. 상대방을 예쁘다고 생각해야 예쁘다고 느낄 수 있는 것처럼, 자신을 예쁘다고 생각해야 예쁘게 느껴진다. 따라서 자신을 어떻게 느끼고 있느냐는 '자신을 어떻게 생각하느냐'에 달렸다.

이제 거울을 보면서 누가 세상에서 가장 예쁜지 묻기를 그만두자. 자신이 예쁘다는 확언을 반복하지도 말자. 그것은 오히려 자존감이 낮은 사람에게는 부메랑으로 작용해서 자존감만 낮출 뿐이다. 타인이 세운 기준에 맞춰 자신의 가치를 저울질하는 것을 그만두고, 자신만의 기준과 가치를 찾기 위해 자신의 소리에 귀를 기울이자.

이때 유용한 방법이 있다. 저자(김정호)는 '건-평-행-성'의 자비기원이라고 부른다.

'내가 건강하기를.'

'내가 평안하기를.'

'내가 행복하기를.'

'내가 성장하기를.'

바로 이 네 개의 문장을 사용하는 것이다. 이를 통해, 자신을 비난하거나 경멸 혹은 혐오하는 생각을 바꿀 수 있다.

부정적인 생각을 너무 많이 해서 힘이 든다면, 이 문장들을 잘 보이는 곳에 붙여 두고 시간 날 때마다 틈틈이 마음속으로 되뇌어 보자. 부정적인 생각을 되뇌면서 부정적인 정서에 휩싸였던 뇌가, 긍정적인 문장을 되뇌면서 불안이 잠잠해지고 화가 점점 줄어들어 편안해질 것이다.

이 문장들을 되뇌다 보면 마음의 공간이 넓어지는 게 느껴진다. 마음의 여유가 생기고 마음이 따뜻해진다. 부정적인 나에서 긍정적인 나로 마음의 주도권이 옮겨가게 되는 것이다. 그러면 자연스럽게 내 표정, 눈빛, 제스처, 언행이 달라진다. 그 자체가 자신을 사랑하는 모습이다. 그 모습으로 상대를 대하면 자연스레 친절해지고 마음이 넉넉해진다. 내 마음이 바뀌면 주변의 관계, 그리고 환경도 따라 변한다.

◆

짜증내는 말이
짜증나는 사람을 만든다

◆

늙었거나 인상이 어떻든
사람들을 마치 어린아이 대하듯 대한다면
당신은 그들을 훨씬 잘 이해할 수 있을 것이다.

레오 로스텐

피곤하거나 허기지는 등 신체적 불편함이 느껴지거나 차
가 막히거나 자신이 원하는 대로 일이 풀리지 않을 때면 우
리는 짜증을 느낀다. 짜증은 인간이라면 누구나 겪는 감정
으로, 다른 감정들과 마찬가지로 그 자체로는 나쁜 감정도

말의 알고리즘

좋은 감정도 아니다.

하지만 '짜증이 나는 것'과 '짜증을 내는 것'은 다르다. 짜증이 나는 것은 불편한 상태에 대한 '내적 신호'인 반면, 짜증을 내는 것은 자신의 불편한 마음 상태를 말과 표정 그리고 행동으로 표현하는 '외적 신호'다.

'짜증이 나는 것'은 자연스러운 감정으로 별문제가 되지 않지만, '짜증을 내는 것'은 문제가 될 수 있다. 짜증이라는 내적 신호를 거름망 없이 즉각적으로 말과 행동으로 표출하게 되면 자신뿐만 아니라 주변 사람들에게까지 그 영향을 미치기 때문이다. 만약 짜증을 외적으로 표현하는 것이 일상이 되면 그 사람은 다른 사람들에게 기피 대상이 된다. 짜증 내는 사람 옆에 있으면 자신도 짜증 나고 기분이 나빠지기 때문이다.

바이러스 퍼지듯 상대방의 기분이 나에게도 전염되는 현상을 '정서전염emotional contagion'이라고 한다. 정서전염이 가능한 이유는 바로 거울뉴런 때문이다. 거울뉴런은 말 그대로 상대방의 표정이나 행동 등을 그대로 따라 하는 신경세포다. 상대방의 표정을 따라 함으로써 상대방의 정서를 대리경험하는 것이다. 구역질하는 사람을 보면 자신도 구역질이 나듯이 말이다.

이 능력의 긍정적인 역할은 상대방을 이해하고 공감하는데 도움이 된다는 것이지만, 부정적인 역할은 자신도 비슷한 정서를 느끼게 된다는 것이다. 긍정적으로 작용할 땐 서로에게 좋겠지만, 부정적으로 작용할 때는 갈등이나 관계 단절로도 이어질 수 있다. 나에게 좋은 감정을 일으키는 사람은 좋고 자주 보고 싶지만, 불쾌한 감정을 일으키는 사람은 싫고 멀리하게 되기 때문이다.

여러분은 상대에게 어떤 사람인가? 그리고 어떤 사람이 되고 싶은가? 다른 사람들에게 불쾌감을 주고 싶은 사람은 없을 것이다. 그렇기에 우리는 누구나 상대방에게 긍정적인 인상을 주고 싶어 하는데, 그러기 위해서는 자신의 감정을 잘 다스릴 수 있어야 한다.

여기에는 가장 빠른 특효약이 있다. 짜증이 날 때 그냥 웃

말의 알고리즘

어보는 거다. 황당한 답변이라 생각할 수도 있지만 정말 효과가 있다. 웃는 표정과 관련된 얼굴 근육이 자극되면 정서가 바뀐다. '체화인지embodied cognition'라는 심리 법칙 때문이다. 체화인지란 몸이 변하면 마음도 변하는 현상으로 여러 실험을 통해 증명되었다.

짜증이 났던 마음을 웃음을 통해 변화시킨 후, 왜 짜증이 났는지 들여다보자. 많은 경우 사소한 것들 때문이다. 그렇게 감정을 들여다보고 그 이유를 이해하게 되면 다음번에 짜증이 났을 때 훨씬 잘 대처할 수 있게 된다.

짜증 내는 사람을 대면해야 할 경우도 있다. 그럴 땐 자신도 모르게 상대방의 표정을 따라 하게 된다. 그 말인즉슨 상대방도 그렇다는 것이다. 그때는 먼저 자신의 표정을 살핀 후 의도적으로 표정을 바꿔 보자. 수동적으로 상대방의 부정적 감정에 전염되지 말고 내가 역으로 상대방에게 긍정적 감정을 전염시키는 것이다.

이는 상대방의 감정에 휘말리지 않으면서 상대방에게 영향력을 미칠 수 있는 방법으로, 대인관계에서 굉장히 유용하다. '웃는 얼굴에 침 못 뱉는다'는 속담처럼 표정의 변화로 정서가 바뀌면 자신은 물론이고 상대방의 말과 행동에도 변화를 가져올 수 있다.

저자(김정호)는 많은 심리현상에서 '상태state'가 반복되면 '특성trait'이 된다는 점을 강조한다. 말 한마디, 사소한 행동이 반복되어 습관처럼 굳어지면 그 사람만의 시그니처가 되는 것이다. '짜증난다'는 말을 달고 다니는 사람은 짜증을 쉽게 내는 짜증 나는 사람이 되는 것처럼 말이다. 그러니 말로 표현할 때는 보다 신중해야 한다. 한마디 한마디가 쌓여 그런 사람이 되는 까닭이다.

말의 알고리즘

아무리 좋은 말도
자주 하면 좋지 않다

◆

남과의 언쟁에서 화를 내기 시작하면,
그때는 진리를 위한 언쟁이 아니라
자기 자신을 위한 언쟁이 되고 만다.

토머스 칼라일

자존감은 자신에 대한 믿음과 확신을 바탕으로 한다. 이
는 스스로 무언가를 이루어낸 경험이 하나둘 쌓이면서 더
단단해진다.

무언가를 성취해 냈던 아주 어릴 적 경험에는 무엇이 있

을까? 많은 경험이 떠오르겠지만 모두가 공통으로 겪은 가장 오래된 경험은 다음 같은 것들이다. 처음으로 몸을 뒤집고, 네발로 기어 다니며 여기저기를 탐색하고, 마침내 두 발로 서서 자유롭게 걸어 다닐 수 있게 되었을 때다.

이 일련의 과정들은 누군가의 강요로 일어날 수 있는 일이 아니다. 본능적으로 아기가 스스로 해내는 과업이다. 이렇게 오로지 자기 힘으로 무언가를 해내고자 하는 욕구를 '자율성autonomy'이라고 부른다. 타인의 간섭을 받지 않고 자신의 의지대로 해내고자 하는 욕구이다. 자율성이 침해될 때 우리는 극도의 스트레스를 경험한다.

자율성을 침해하는 대표적인 경우가 바로 '명령'이다. 명령은 자신이 바라는 대로 상대방을 강제로 바꾸려고 하는 폭력이다. 명령을 통해 강요받을 때 우리는 상황이나 성향에 따라 분노로 폭발할 수도 있고 정반대로 우울로 침잠할 수도 있다. 분노와 우울은 서로 반대처럼 보이지만 둘 다 동일한 표현이다. 명령에 대한 반발심이다.

말의 알고리즘

누군가가 명령할 경우, 우리 마음에는 다양한 형태의 반발심 즉, 저항감이 올라온다. 그리고 명령하는 사람에게 반감을 갖게 된다. 예를 들면, TV를 보다 '이제 공부해야지' 하며 TV를 끄려는 찰나, 엄마가 "TV 그만 보고 제발 공부 좀 해" 하고 말했다고 생각해 보자. 이 상황에서 "네, 엄마. 저도 그러려고 했는데 엄마랑 마음이 통했네요"라고 말할 수 있는 사람이 얼마나 되겠는가? 대부분은 공부하려던 마음이 싹 사라지면서 엄마한테 화를 내거나 방문을 쿵 소리가 나도록 세게 닫고 들어가 버릴 것이다.

엄마 입장에서는 자녀가 공부를 안 하면 어떡하나 걱정되는 마음에서 나온 말이라고 생각할 것이다. 그런데 과연 그럴까? 방송 프로그램 〈요즘 육아 금쪽같은 내 새끼〉에 나왔던 사례를 한번 보자.

상담소에 나온 분은 이혼한 아들과 함께 살며 손자를 양육하는 할머니였다. 같이 사는 아들 그리고 손자와의 관계에 문제가 있어 프로그램을 신청하게 되었다고 한다.

할머니가 손자 그리고 아들과 대화하는 패턴을 살펴보자. 손자와 할머니와의 대화는 실제 그들의 대화 내용이고, 아들과의 대화는 오은영 박사가 할머니의 대화 패턴을 당사자가 이해할 수 있도록 설명한 내용이다.

손자와의 대화

할머니　숙제 언제 할 건데?

손자　숙제가 두 장 반인데 내일 아침 점심 나눠서 할 수 있어.

할머니　지금 해야지. 왜 내일 하려고 그래.

손자　할머니. 내 말을 이해 못 했어?

할머니　한 장이라도 오늘 하고 나머지는 내일 해. 알았어?

손자　내일 한다고 했잖아.

할머니　그럼 오락 계속하려고? 언제까지 오락할 건지 이야기 해봐. 그럼. (물어봐 놓곤 답변을 기다리지 않음)

　　　　　8시 반까지 오락하고 45분까지 한 장 하자. 알았어? (그러곤 나가버림)

손자　왜 맨날 할머니 마음대로 해…. (짜증 그리고 한숨)

아들과의 대화

어머니 빨리 밥 먹어.

아들 조금 쉬었다가 먹을게요.

어머니 배고프잖아. 빨리 먹어.

아들 이따 먹을게요.

어머니 엄마가 맛있게 끓여 놨는데 식잖아! 빨리 나와. 빨리.

아들 내가 왜 지금 먹어야 하냐고요! (소리 지름)

어머니 내가 널 어떻게 키웠는데. 내가 빨리 죽어야지.

할머니는 손자나 아들을 걱정하는 마음에서 말했다고 생각할 수 있겠지만, 그 이면에는 자기가 원하는 대로 상대방이 따라와야 한다는 자신의 통제 욕구를 채우기 위한 마음이 있었다. 겉으로는 걱정이라는 모습으로 포장되어 있지만, 사실은 명령과 강요다. 상대의 마음은 전혀 고려되고 있지 않기 때문이다.

아무리 좋은 의도를 가진 말이라도 상대가 원하지 않을 때 그 의견을 묵살하며 강요하는 태도는 결국 자율성을 침해하는 명령이 되어 반발심을 일으키고, 이는 관계의 악화로 귀결된다.

사람을 가르칠 수는 있지만, 사람에게 명령할 수는 없다는 말이 있다. 내가 무심코 한 말이 상대방의 자율성을 침해하고 있는 건 아닌지 그리고 조언을 한다는 것이 강요를 하고 있는 건 아닌지 신중히 살펴봐야 할 이유다.

귀한 사람만이
귀한 대접을 받는다

나는 세상의 좋은 것들을
마음껏 누릴 자격이 있다.

루이스 L. 헤이

　자신에 대한 기대가 너무 높아 매번 좌절하는 여성이 있었다. 자신은 능력이 부족하기에 밥 먹을 자격도, 슬퍼할 자격도 없으며 기뻐해서도 안 되는 존재라고 생각했다고 한다. 그녀가 자신에게 자주 하는 말은 '내가 해 봤자 되겠어?', '실수한 나를 받아들일 수 없어'였다. 저자(고은미)는 그런 그녀에게 스스로를 따뜻하고 친절하게 대해 보는 숙제를 내주었다.

숙제를 내준 그 주에 그녀는 마트로 장을 보러 갔다고 한다. 과자를 좋아하는 그녀는 마트에 가면 주로 할인하거나 묶음으로 저렴하게 판매하는 과자를 구매했단다. 그날도 평소처럼 저렴한 과자를 찾고 있었던 그녀에게 문득 이런 말이 떠올랐다고 한다.

'너 돈 벌잖아. 여기에 있는 거 뭐든 살 수 있어. 싼 과자 말고 네가 먹고 싶은 과자를 골라도 돼. 이 중에 네가 제일 먹고 싶은 게 뭐야?'

그렇게 자신에게 묻자 갑자기 눈물이 나더란다. 그동안 먹고 싶었으나 가격 때문에 망설였던 과자를 바구니에 담으면서 마음이 그렇게 행복하고 벅차오를 수 없었다고 한다.

나를 존중하고 세우는 말은 특별한 말이 아니다. 그저 자신에게 관심을 가지고 살펴보며 친절하게 물어봐 주면 된다. '지금 뭐 하고 싶어?', '지금 뭐 먹고 싶어?', '어떤 걸 원해?'.

말의 알고리즘

마치 소중한 친구한테 진심 어린 관심을 보내 주듯 내가 원하는 것이나 필요한 게 무엇인지 살펴보고 친절하게 물어봐 주는 것이다.

나를 존중하는 또 다른 방법은, 자신을 소중하고 귀하게 여기는 태도를 갖는 것이다. 귀한 사람을 대하듯 자신을 대하는 것이다. 그렇게 하면 스스로를 무시하거나 하대하는 말이 나올 수가 없다.

예를 들면 다음의 태도로 자신을 대하는 것이다. 식사할 때 허기를 채우기 위한 식사가 아닌 자신에게 음식을 대접하는 마음으로 음식을 먹어 보는 거다. 특히 주부들은 아이나 남편의 밥상은 정성 들여 차려 주면서 정작 자신의 밥상은 대충 차려서 끼니를 때우는 경우가 많다. 이는 스스로를 푸대접하는 행위이며 함부로 대하는 것과 같다. 그리고 그것을 본 자녀나 남편도 엄마나 아내의 그런 모습에 익숙해지면 그걸 당연하게 생각하고 그런 대접을 해도 괜찮다고 자신들도 모르게 머릿속에 각인하게 된다. 그러니 평소 안

쓰던 예쁜 접시에 남편이나 아이가 좋아하는 반찬이 아닌 자신이 좋아하는 반찬을 정성스럽게 만들어 담아 손님을 대접하는 마음으로 자신을 대접해 보자. 밖에서 식사할 때도 마찬가지다. 습관적으로 아무렇게나 입에 넣지 말고 음식을 내 몸에 대접한다는 마음으로 먹으면 또 다른 느낌을 느끼게 될 것이다.

차를 마시더라도 습관적으로 쓰던 찻잔 말고 아껴두었던 혹은 귀찮아서 꺼내지 않았던 예쁜 찻잔에 차를 담아 자신에게 대접해 보자. 그리고 귀한 차를 마시듯 충분히 그 순간을 음미해 보자.

세수하거나 샤워를 하거나 이를 닦을 때도 마찬가지다. 빨리빨리 해치워야 한다는 마음으로 급하게 하거나 함부로 하지 말고 소중한 사람의 얼굴이나 몸을 대하듯 정성스럽게, 소중히, 사랑스러워하며 씻어 보자.

옷을 입더라도 귀찮다고 손에 잡히는 옷들, 자주 입어 편한 옷들로만 입지 말고 입었을 때 설렘을 주는 옷 혹은 좋아했지만 잘 입지 않았던 옷, 사놓고 안 입은 옷 등으로 새롭

말의 알고리즘

게 자신을 빛내 보는 것도 좋다.

거울을 볼 때도 무심코 보거나, 이상하거나 부족한 점을 찾지 말고, 사랑하는 사람을 보듯 따뜻한 눈으로 바라보며 방긋 웃어 주고, 양말을 신을 때도 신발을 신을 때도 억지로 발을 구겨 넣지 말고 소중한 사람의 발을 다루듯 조심스럽고 다정하게 살피면서 신겨 주자.

그렇게 나를 소중하고 귀하게 대하면 자연스레 얼굴의 표정, 몸짓, 행동, 언어가 달라진다. 더불어 나를 대하는 상대방의 태도도 달라지며 상대방을 대하는 나의 태도 또한 달라진다. 긍정의 선순환이 일어나는 것이다.

추측하지 말고
물어보자

◆

용서를 받으려면, 먼저 용서하라.

루키우스 안나이우스 세네카

상대방에게 가장 듣고 싶은 말이 무엇이냐고 물어보면 많은 사람이 이 말을 가장 듣고 싶다고 대답한다.

바로 '미안하다'는 말이다. 이들은 상대방이 자신에게 '미안하다'는 말 한마디만 진심으로 해 주면 응어리진 마음이 풀릴 거라고 말한다.

'그때 내가 너를 그렇게 대해서, 너에게 그렇게 말해서 정말 미안하다.'

이 말이 뭐가 그리 어려운지 상대방은 절대로 먼저 '미안해'라는 말을 해 주지 않는다. 아마도 미안하다고 말을 꺼내는 순간 이 게임에서 자신이 패자가 되고 결국에는 상대가 맞고 자신은 틀리는 거라고 생각하기 때문일 것이다. 혹은 자신은 전혀 잘못이 없으니 미안해할 이유가 없다고 생각할 수도 있다. 딱 그 한마디면 냉랭한 관계에 따스한 온기를 불어넣을 수도 있고 닫힌 문도 열릴 수 있는데, 그 문을 자신이 먼저 열면 무너질세라 철옹성처럼 굳게 닫는다.

이를 뒤집어서 생각해 보면 상대방 또한 그 사람에게서 가장 듣고 싶은 말이 '미안하다'라는 말일 수도 있다. 어쩌면 서로가 같은 이유로 버티고 있는 건 아닐까? 미안하다는 말을 먼저 해 주길 바라면서 말이다.

여러분은 상대방에게 듣고 싶은 말이 있는가? 여러분의

마음의 빗장이 열렸을 때는 어떤 말을 들었을 때였나?

상대방에게 마음이 열리는 순간은, 바로 상대에게서 내가 정말 듣고 싶은 말을 들었을 때다. 그럴 때 신기하게도 마음의 문이 열린다. 신비의 바닷길처럼 바다가 갈라지면서 자신에게 걸어올 수 있도록 마음의 길을 내어 주는 것이다. 하지만, 상대방이 내 문을 열어 주길 하염없이 기다리는 건 효율적이지 않다. 영영 열리지 않을 수도 있다. 그보다 내가 먼저 마음의 문을 열고 나가는 편이 빠르다. 그러면 맞은편의 상대방도 경계를 내려놓고 마음의 문을 열고 나온다. 그때야 서로를 진심으로 만나게 되는 것이다.

상대방의 마음을 열어 주는 말은 어떤 말일까? 마음을 열어 주는 열쇠 같은 말은 특별하거나 거창하지 않다. 내가 듣고 싶은 말을 들었을 때 마음이 풀리는 것처럼, 그저 그 사람이 나에게서 정말 듣고 싶은 말이면 된다. 그 사람의 마음을 헤아려 주고 무엇을 원하는지 그 욕구를 읽어줄 때 닫혀 있던 마음의 셔터가 스르륵 올라간다.

상대방이 듣고 싶은 말이 무엇인지 알 수 있는 가장 쉬운

말의 알고리즘

방법은 상대방에게 솔직하게 물어보는 것이다. 내가 어떻게 말하면 화가 풀리겠는지, 마음이 덜 힘들 것 같은지 진심으로 물어보는 것이다. 갈등 상황이 아닌 평소에 넌지시 물어보면 상대방이 나에게 바라는 바가 무엇인지 조금 더 확실해진다. 이 방법을 통해 생각지도 못한 상대방에 대한 새로운 사실을 알게 되고 그것을 계기로 더 친밀하고 다정한 관계로 발전할 수도 있다.

저자(고은미)가 진행하는 프로그램에 참여한 참가자가 수업을 듣고 나서 자신의 남편에게 직접 물어봤다고 한다. '혹시 나한테 가장 듣고 싶은 말이 있어?', '내가 뭐라고 할 때 가장 행복해?'라고 말이다. 그런데 남편의 답변이 본인이 예상한 답변과는 너무도 달라 놀랐다고 한다.

남편의 대답은 바로 '네, 오빠'였다. 그 이유를 물었더니 '네, 오빠'라는 말을 들으면 자신이 존중받고 있다는 느낌이 들고 자신의 말을 믿고 지지하고 응원해 주고 있음이 느껴져서 든든하고 뿌듯해진다는 것이었다. '당신을 믿습니다.'

'당신을 지지합니다.' '당신이 옳습니다.' 그런 의미가 '네, 오빠' 라는 말에 모두 함축되어 있었다.

그 참가자는 남편을 조금 더 이해할 수 있게 되었다고 했다. 그리고, 그 이후 남편이 자신에게 무슨 말을 할 때마다 '네 오빠'라는 말을 의식적으로 사용한다고 했다. 부부 관계는 훨씬 편해지고 좋아졌다고 한다.

자신을 보호하기 위해 마음의 문을 굳게 닫고 있는 상대방에게 사과를 요구하고, 고치라고 요구하고, 잔소리를 해봤자 상대방은 오히려 더 문을 굳게 잠그고 나오지 않는다. 마치 동화 〈해님과 바람〉처럼 말이다. 이야기속에서 해와 바람은 지나가는 나그네의 외투를 누가 먼저 벗기는지 내기를 한다. 바람은 거세게 바람을 불어 강제로 외투를 벗기려 하지만, 그럴수록 나그네는 옷을 단단히 여밀 뿐이다. 반대로 해는 그저 따뜻한 햇볕만 내리쬔다. 결국, 나그네는 스스로 외투를 벗는다. 즉, 바람처럼 상대를 세차게 다그치는 게 아니라, 해처럼 따스하게 상대방이 어떤 말을 듣고 싶어 할

말의 알고리즘

지 상대방의 입장에서 생각해 보고 그 말을 용기 내어서 해 줄 때, 그리고 평소에 어떤 말이 내게서 듣고 싶은지 관심을 가지고 물어봐 주고 그 말을 진심으로 상대방에게 해 줄 때 나그네가 스스로 외투를 벗듯 상대방도 스스로 마음의 문을 열게 된다.

내가 하는 말이 화해를 부르는 말인지, 화를 부르는 말인지 잘 살펴보자. 전자라면 상대방이 듣고 싶은 말일 것이고 후자라면 내가 듣고 싶은 말을 강요하는 말일 것이다. 말에 따라 굳게 닫힌 마음을 활짝 열 수도 있고, 더욱 굳게 닫히도록 만들 수도 있다는 사실을 잊지 말자.

◆

다른 사람의 운전대를
빼앗지 마라

◆

누구도 본인의 동의 없이
남을 지배할 만큼 훌륭하지는 않다.

에이브러햄 링컨

유독 차멀미를 심하게 하는 사람들이 있다. 멀미가 나는 이
유는 눈은 정지되어 있다고 느끼는데 귓속의 전정기관은 움
직이고 있다고 느끼기 때문이다. 시각과 청각의 정보가 서로
어긋난 채로 뇌에 전달된 혼선의 결과가 멀미인 것이다.

말의 알고리즘

재미있는 건 차만 타면 멀미를 하던 사람도, 자신이 직접 운전할 땐 멀미를 하지 않는다는 사실이다. 직접 운전을 함으로써 차의 흔들림을 예측하고 통제할 수 있기 때문이다. 운전대라는 통제권이 자신에게 있는지 상대방에 있는지에 따라 경험이 달라지는 것이다.

통제권의 유무는 차량의 멀미를 넘어 삶에 다양한 영향을 미친다. 심리학자 제임스 W. 페니베이커James W. Pennebaker는 책 《털어놓기와 건강》에서 통제 가능성의 유무가 생각 수준에도 영향을 미칠 수 있음을 다양한 실험을 통해 보여준다.

실험은 이렇다. 연구진은 참가자들에게 시끄러운 소리가 들리는 방에서 5분간 자유롭게 글을 쓰게 했다. 단, 참가자 절반에게는 원하면 언제든 버튼을 눌러 소리를 끌 수 있는 통제권을 주었고, 다른 절반에게는 통제권을 주지 않았다. 그렇게 소음 속에서 5분간 글을 쓰게 한 후, 내용을 분석하여 집단 간에 차이가 있는지를 살폈다.

그 결과, 두 집단 간의 차이가 현저하게 구분되었다. 통제권 없이 강제로 소음을 들으며 글을 쓴 참가자들의 글은 주로 피상적 주제에 초점이 맞춰져 있었다. 예를 들면, 백화점에 가서 어떤 옷을 살지에 대해 쓰거나, 방 안에 있는 양탄자의 작은 먼지 등에 관심을 가졌다. 불편한 소음에서 벗어나기 위해 피상적 사고를 보인 것이다.

반면, 소음을 통제할 수 있었던 참가자들은 소음을 듣는 동안 적극적으로 그와 관련된 문제를 해결하기 위해 더 깊게 생각하는 경향을 보였다. 예를 들면, 소음의 높낮이에 어떤 형태가 있는지, 다른 사람이 듣고 있는 소음과 자신이 듣고 있는 소음이 동일한 것일지, 이 실험은 소음이 감정에 미치는 영향을 알아보려는 것일 거라는 등 스트레스 유발 원인인 소음을 회피하는 대신 오히려 그 문제를 깊이 있게 생각하는 심층적 사고를 보인 것이다.

이 실험의 결과는, 자율권 혹은 통제권이 사고 수준에 어떠한 영향을 미칠 수 있는지를 잘 보여준다. 상황에 대한 자율권과 통제권을 박탈당할 경우, 사고의 폭이 좁아지고 피

말의 알고리즘

상적 생각밖에 할 수 없게 된다. 반면, 내가 상황을 통제할 수 있거나 통제할 수 있다고 믿는다면, 문제를 회피하지 않고 적극적으로 해결하기 위해 창조적이고 고차원적 생각을 하게 된다.

또 다른 재미있는 결과로는 소음을 통제할 수 있었던 집단의 참가자 중 소음을 멈추기 위해 버튼을 누르려고 시도한 사람은 단 한 명도 없었다는 사실이다. 이는 자신이 원하면 언제든 소음을 멈출 수 있는 통제권이 있을 땐 그 소음이 크게 스트레스로 작용하지 않았다는 것을 의미한다. 반면 소음을 강제로 들어야 했던 집단에서는 소음에 대한 극심한 스트레스를 보고했다. 동일한 소음이라도 이를 통제할 수 없을 때 더 견디기 어려웠다. 동일한 스트레스 조건이라도 통제권의 유무에 따라 전혀 다른 반응이 나온 것이다.

따라서, 상대방이 폭넓은 생각과 창의적 사고로 문제를 해결하고 주도적으로 일을 해 나가길 바란다면 우리는 '명령'의 말이 아닌 '부탁'의 말을 해야 한다. 어떤 일을 하도록 억지로 강요하는 명령의 말은 상대방의 자율권과 통제권을 박탈하는 것과 같기 때문이다. 이는 상대방을 억지로 차에 태워 자신이 원하는 목적지를 향해 난폭하게 운전하는 것과 다를 바가 없다. 결국 상대방은 심한 멀미를 할 것이고 이로 인해 제대로 된 생각과 판단을 할 수 없게 될 것이다. 반대로 부탁의 말은 상대방에게 운전대를 맡기는 것이다. 상대방이 스스로 운전을 하도록 자율권과 통제권을 내어 주는 것이다.

이때 주의할 점은 부탁의 말을 하더라도 상대방이 거절할 수 있음을 허용할 수 있어야 한다는 것이다. 상대방이 받아들이지 않는다고 화내거나, 보복하거나, 서운해한다면 부탁의 말로 포장된 명령의 말과 다름없다. 진정한 부탁의 말은 상대방에게 결정할 수 있는 선택권을 온전히 주는 것이고 나 또한 상대방의 결정을 존중해 주는 것이다.

상대에게 명령의 말이 아닌 부탁의 말을 하도록 도움이 되는 말을 하나 소개한다. 인도의 인사말인 '나마스떼namaste'다. 나마스떼는 '안녕'처럼 가벼운 인사말로 쓰이

말의 알고리즘

기도 하고 다양한 의미로 해석되기도 한다. 그중 '내 안의 신이 당신 안의 신을 경배합니다'라는 해석은 상대방을 하나의 인격체로 대하는 마음가짐을 갖게 한다. 모든 사람을 이러한 마음으로 대한다면 자연스레 명령의 말이 아닌, 부탁의 말이나 친절한 말, 배려의 말들이 나오게 될 것이다.

말의 알고리즘

초판 1쇄 인쇄 2022년 06월 13일
초판 8쇄 발행 2024년 03월 06일

지은이 고은미, 김정호
펴낸이 이부연
책임편집 박서영
마케팅 백운호
디자인 김윤남, 김숙희

펴낸곳 (주)스몰빅미디어
출판등록 제300-2015-157호(2015년 10월 19일)
주소 서울시 종로구 내수동 새문안로3길 30, 세종로대우빌딩 916호
전화번호 02-722-2260
인쇄·제본 갑우문화사
용지 신광지류유통

ISBN 979-11-91731-25-5 03190

"불행한 마음은 언제나 과거 아니면 미래에서 온다!"

마음이 괴로운 이들을 위한 명쾌한 심리 처방전!

그때그때 가볍게 삶을 즐기는 7가지 원칙

- 행복과 불행은 스스로 정한다
- 사소한 것도 소중히 여긴다
- 절대로 옳은 것이나 그른 것은 없다
- 내 것이 아닌 남의 옷은 벗어 던진다
- 덧없는 것들에 집착하지 않는다
- 상처를 없애려고 애쓰지 않는다
- 바꿀 수 없는 건 그냥 놔둔다

30년 상담 경력을 가진 심리학 교수의 인생 코칭

그때그때 가볍게 산다

장성숙 지음